HEYNE BÜCHER

HEYNE KOCHBÜCHER

Anita Höhne
Dr. Leonhard Hochenegg

Ein Rezeptbuch für die Lust

Damit die Liebe wieder lebt

Kochrezepte, Tinkturen und Tees

Originalausgabe

WILHELM HEYNE VERLAG
MÜNCHEN

Heyne Kochbuch
07/4727

Alle Angaben in diesem Buch beruhen auf dem neuesten Stand von Wissenschaft und Forschung. Grundsätzlich sollten jedoch alle Befindlichkeitsstörungen mit einem Arzt besprochen werden, bevor eine Selbstbehandlung vorgenommen wird. Insbesondere muß geklärt werden, ob die Beschwerden nicht Symptome von Krankheiten sind, die dringender ärztlicher Hilfe bedürfen. Für den Erfolg bzw. die Richtigkeit der Anwendungen in jedem Einzelfall können Autoren und Verlag keinerlei Gewähr übernehmen.

Umwelthinweis:
Dieses Buch wurde auf chlor- und säurefreiem Papier gedruckt.

Printed in Germany 1999
Umschlaggestaltung: Atelier Ingrid Schütz, München
Zeichnungen: Johann Brandstetter, Neuötting
Satz: Schaber Satz- und Datentechnik, Wels
Druck und Bindung: RMO-Druck, München

ISBN 3-453-14519-4

Inhalt

Abkürzungen und Erklärungen:

EL	=	Eßlöffel
TL	=	Teelöffel
Msp	=	Messerspitze
g	=	Gramm
l	=	Liter
ml	=	Milliliter ($^1/_{1000}$ l, 1 g)
1 Tasse	=	150 ml

Senfspinat ist eine relativ neue Züchtung mit langen, schmalen Blättern.
Laveloz = Lapacho.
Die Diätvorschläge sind für 1 Person gedacht, reichen teils aber auch für 2 Personen, vor allem, wenn sie abnehmen wollen.
Die Zutaten sind, soweit nicht anders angegeben, in Pulver- oder getrockneter Form zu verwenden.

Vorwort

Liebestränke – da denken wir zuerst an Zauberer, Hexen, Kräuterweiberl, an geheimnisvolle und vielleicht sogar gefährliche Tinkturen. Gab nicht einst Isolde dem Tristan einen Liebestrank, der ihm den Verstand raubte? Ein Drama mit bekannt tödlichem Ende. Der Liebestrank wurde später umgetauft, erhielt eine liebevolle wissenschaftliche Bezeichnung: *Aphrodisiakum*, ein Wort, das aus dem Griechischen kommt und auf Aphrodite zurückgeht, die griechische Göttin der Liebe. Das Thema ist seit Urzeiten mit Aberglauben verbunden, wurden doch Liebestränke auch aus Blut und Sekreten zusammengemixt, und zur Mixtur gehörten Zaubersprüche.

Aber all diese Rituale können wir, obwohl sie heute noch vereinzelt praktiziert werden, ins Fach »Mittelalter« ablegen. Längst hat die Wissenschaft sich der Aphrodisiaka angenommen. Und die Wissenschaft ist es, die uns zu einer doppelten Erkenntnis führt. Mangelnde Liebesfähigkeit ist häufig eine Krankheit, für die zahlreiche Ursachen denkbar sind: Seelische Gründe oder Diabetes, Streß, übermäßiger Alkoholkonsum und viele andere mehr. Und sie ist eine weit verbreitete Krankheit. Es gibt Schätzungen, nach denen jeder dritte, wenn nicht sogar jeder zweite Mann über vierzig damit Probleme hat. Auch Frauen kennen diese Sorgen.

Es wäre natürlich Unsinn, wenn man glaubte, eine einzige Mixtur könne als Universalmittel allen helfen. Ein Rezept muß Maßarbeit sein und auf den einzelnen Patienten zugeschnitten werden. Dazu bietet uns ein Arzt sein Wissen an: Dr. med. Leonhard Hochenegg aus Hall bei Innsbruck. Der »Wunderheiler von Tirol« – so wird er auch schon in der internationalen Presse genannt – ist Facharzt für Neurologie und Psychiatrie. Er hat viele Jahre im Ausland gearbeitet und war Oberarzt an einem Innsbrucker Krankenhaus, bevor er sich entschloß, eigene Wege zu gehen: »Als Arzt bin ich ja in der Wahl der Mittel frei – solange es zum Wohl des Patienten ist.« Die neuen Mittel, die er nun kombiniert, sind:

- seine eigenen Kräfte
- Naturheilkunde
- uraltes asiatisches Wissen
- und moderne Computertechnik

Hochenegg studierte vor seiner Laufbahn als Arzt auch Pharmakologie, also Arzneimittelkunde. »Wann immer es ein Fall erlaubt, ziehe ich Naturmedizin chemischen Medikamenten vor«. So lernen viele Patienten Hochenegg auch als Kräuter-Doktor kennen, dessen Tee-Rezepte weltweit gefragt sind. Manchmal beruhen sie auf der Verbindung alter Erfahrungen der Tiroler Kräuterkunde und fernöstlicher Heilkunst: Sein Schwiegervater war ein philippinischer Wunderheiler. Auch von ihm hat Hochenegg viel Wissen übernommen. Insgesamt sind es tausend Kräuter, die er zu Salben oder Tees verarbeitet. Ein Computer hilft ihm dabei, die besten Mischungen zu ermitteln.
Wenn Sie in den Rezepten blättern, werden diese beim ersten Lesen kompliziert klingen. Aber viele Apotheken stellen die Mischungen her. Sollten Sie mit der Beschaffung Schwierigkeiten haben, finden Sie eine Bezugsadresse auf Seite 352. Dr. Hochenegg hat zu jedem Rezept anschauliche Erklärungen über die Ursachen einer Krankheit und die Wirkung einer Rezeptur hinzugefügt. Dieses Buch kann ein kleines Wunder bewirken, noch bevor Sie die erste Teemischung oder Tinktur ausprobiert haben. Wenn Sie das für Sie richtige Rezept suchen, müssen Sie über die Ursachen Ihres Leidens nachdenken. Und während Sie dies tun, sind Sie Ihrem Ziel schon ein ganzes Stück näher gekommen: Damit die Liebe wieder lebt.

Fragen zu Ihrem Liebesleben

Sexualität ist ein wichtiger Teil des seelischen und körperlichen Wohlbefindens. Es gibt eine Menge unterschiedlicher natürlicher Behandlungsmöglichkeiten bei Störungen der Sexualität. Bevor Sie diese kennenlernen, beantworten Sie bitte den folgenden Fragebogen. Dieser von Dr. med. Leonhard Hochenegg ausgearbeitete Fragebogen soll Ihnen Hinweise geben, wie es mit Ihrer Sexualität bestellt ist. Er ist für Frauen und Männer getrennt formuliert. Zu jeder Frage gibt es mehrere Antwortmöglichkeiten. Wählen Sie diejenige Antwort, die Ihre Situation am ehesten beschreibt. Lassen Sie bitte keine Frage aus und ordnen Sie jeder Frage nur eine einzige Antwort zu. Geben Sie sich für jede Antwort A zehn Punkte, für B fünf Punkte und für C null Punkte.

Fragebogen zur sexuellen Gesundheit bei der Frau

Können Sie Liebesfilme und Liebesgeschichten sexuell erregen?	
Jedesmal	A
Manchmal	B
Kaum	C

Wie häufig haben Sie Geschlechtsverkehr?	
Mindestens einmal pro Tag	A
Mehrmals pro Woche	B
Einmal pro Monat oder seltener	C

Haben Sie schon einmal daran gedacht, in einer Gruppe Geschlechtsverkehr haben zu wollen?

Häufig	A
Manchmal	B
Nie	C

Würden Sie die Anzahl Ihrer sexuellen Beziehungen als eher hoch einschätzen?

Ja	A
Nein	B

Wie reagieren Sie, wenn Sie von Ihrem Partner sexuell verführt werden?

Angenehm überrascht	A
Gleichgültig	B
Ablehnend	C

Wie oft wollen Sie Ihren Partner zum Geschlechtsverkehr anregen?

Jedesmal	A
Manchmal	B
Niemals	C

Wie oft haben Sie am Tag sexuelle Phantasien?

Stündlich	A
Manchmal	B
Niemals	C

Wann hatten Sie zum erstenmal sexuellen Kontakt?

Unter 14	A
Unter 20	B
Über 20	C

Wie oft befriedigen Sie sich selbst?	
Mehrmals pro Woche	A
Einmal im Monat oder seltener	B
Nie	C
Kommt die sexuelle Erregbarkeit sehr rasch?	
Jedesmal	A
Manchmal	B
Überhaupt nicht	C
Nach welcher Zeit erreichen Sie den Höhepunkt Ihrer sexuellen Lust?	
Nach drei bis vier Minuten	A
Innerhalb von ca. 20 Minuten	B
Der Orgasmus wird äußerst selten erreicht	C

Auswertung:

80–100 Punkte: Ihre Sexualität ist voll ausgebildet. Sie erleben oft und intensiv sexuelle Lustgefühle. Sie müssen allerdings darauf achten, daß Sie die Lust nicht nur oft, sondern auch intensiv erleben können. Sexuelle Anregungsmittel sollten Sie nur verwenden, um die Qualität Ihrer sexuellen Akte zu erhöhen, nicht aber deren Häufigkeit.

60–80 Punkte: Ihre Sexualität ist gut ausgeprägt. Nur gelegentlich werden Sie Anregungsmittel brauchen.

40–60 Punkte: Spezielle pflanzliche Mittel können Ihnen helfen, die Sexualität intensiver zu erleben. Obwohl Ihre Sexualität nicht sehr intensiv zum Ausdruck kommt, kann sie durch entsprechende Mittel angeregt werden. So sind auch für Sie beglückende Höhepunkte zu erreichen.

0–40 Punkte: Ihre Sexualität ist unterentwickelt. Ein psychotherapeutisches Programm kann Ihnen helfen, Ihre Beziehung lustvoller zu erleben. Vielleicht sind bei Ihnen auch organische Gründe vorhanden, die das sexuelle Erleben mindern oder gar unmöglich machen. Das sollte ein Facharzt klären.

Wenn Sie Probleme mit Ihrer Sexualität haben, kann es auch am Partner liegen. Das läßt sich durch folgende Fragen klären:

- Paßt der Partner vom Alter her zu mir?
- Besteht eine persönliche Abneigung?
- Wird der Partner innerlich abgelehnt, z. B. wegen Körpergeruch, Mundgeruch, Körperbehaarung oder Bartwuchs?
- Lehne ich seine Körpergewohnheiten ab?
- Stimmen unsere Interessen nicht überein?
- Stimmt unser Tag- und Nachtrhythmus nicht überein?
- Versteht es der Partner nicht, meine Sexualität zu wecken?
- Riecht der Partner nach Tabak oder Alkohol, was ich ablehne?
- Sind grundsätzliche weltanschauliche Fragen so unterschiedlich, daß ein Zusammenleben unmöglich wird?
- Macht der Partner zu wenig Komplimente?
- Werde ich vom Partner öfter beleidigt, so daß die Sexualität im Keim erstickt wird?
- Kommt es öfter zum Streit, was sexuelle Gefühle verhindert?
- Hat der Partner einen vorzeitigen Samenerguß, so daß ich unbefriedigt bleibe?
- Denkt der Partner nur an seine eigene Befriedigung?
- Leide ich unter beruflichem Streß, der mich seelisch überfordert und meine Sexualität unterdrückt?
- Wurde meine Sexualität als Kind zu stark unterdrückt und damit in der Entwicklung blockiert?
- Ist die Sexualität durch Drogen, Alkohol oder Tabak beeinträchtigt? Alkoholmißbrauch und starker Tabakkonsum können das normale sexuelle Empfinden bei Frauen und Männern gleichermaßen dämpfen oder gar unterdrücken.

Fragebogen zur sexuellen Gesundheit beim Mann

Sind Sie durch Liebesgeschichten oder erotische Filmszenen sexuell erregbar?

Jedesmal	A
Manchmal	B
Nie	C

Wie häufig haben Sie Geschlechtsverkehr?

Mindestens einmal am Tag	A
Mehrmals pro Woche	B
Einmal im Monat oder seltener	C

Wann war Ihr »erstes Mal«?

»Erstes Mal« zwischen 15 und 16 Jahren	A
»Erstes Mal« zwischen 17 und 19 Jahren	B
»Erstes Mal« mit über 20 Jahren	C

Wie oft spüren Sie sexuelles Verlangen?

Mehrmals täglich	A
Fast täglich	B
Höchstens einmal pro Woche	C

Haben Sie öfter Probleme mit der Erektion?

Nie	A
Manchmal	B
Sehr oft	C

Mit wie vielen Frauen hatten Sie schon Geschlechtsverkehr?

Mit mehr als 20	A
Bis zu fünf Frauen	B
Nur mit einer	C

Wie oft haben Sie sexuelle Phantasien?

Ich stelle mir untertags oft sexuelle Szenen vor	A
Gelegentlich habe ich sexuelle Träume	B
Sexuelle Träume und Vorstellungen kommen nie vor	C

Hatten Sie schon einmal vor, in einer Gruppe Geschlechtsverkehr zu erleben?

Häufig	A
Manchmal	B
Nie	C

Wie oft befriedigen Sie sich selbst?

Mindestens einmal pro Tag	A
Mehrmals pro Woche	B
Einmal im Monat oder seltener	C

Wie oft möchten Sie eine Frau verführen?

Häufig	A
Manchmal	B
Nie	C

Auswertung:

80 bis 100 Punkte: Ihre Sexualität ist gut entwickelt und braucht keinerlei Anregungsmittel.
40 bis 80 Punkte: Ihre Sexualität ist durchschnittlich ausgeprägt. Gelegentlich wäre ein Anregungsmittel vorteilhaft, um in den vollen sexuellen Genuß zu kommen.
0 bis 40 Punkte: Im Vergleich zur Durchschnittsbevölkerung ist Ihre Sexualität unterentwickelt. Sie sollten einen Facharzt aufsuchen, um gesundheitliche Beeinträchtigungen ausschalten zu können.

Eine erste Hilfestellung bei Problemen mit Ihrer Sexualität kann dieser Fragenkatalog bieten:

- Ist Ihre Partnerschaft nicht in Ordnung?
- Lehnt Ihre Partnerin den Geschlechtsverkehr ab?
- Sind Sie mit Ihrer Frau unzufrieden oder gibt es grundlegende Probleme, die das gegenseitige Verständnis hemmen?
- Leiden Sie manchmal unter schlechter Laune und Depressionen?
- Sind Sorgen und Angstzustände Ursache für die unterentwickelte Sexualität?
- Ist Ihr sexuelles Desinteresse die Folge von Genußgiften, einer zu fettreichen Nahrung?
- Müssen Sie aus medizinischen Gründen Mittel gegen zu hohen Blutdruck einnehmen?
- Ist Ihr Blutdruck zu tief, so daß Durchblutungsstörungen die Sexualität beeinträchtigen?
- Besteht ganz allgemein ein Energiemangel mit Antriebsschwäche, kalten Händen und Füßen?
- Leiden Sie an Untergewicht und Appetitlosigkeit?
- Frösteln Sie leicht?
- Sind psychische oder psychiatrische Probleme Ursache für die unterentwickelte Sexualität?

Hilfe bei nachlassender Sexualität

Bei einer allgemein nachlassenden Sexualität kann eine ganze Reihe von Hilfsmitteln hinzugezogen werden. Eheprobleme sind aus rein physiologischen Gegebenheiten vorprogrammiert, denn Männer im reifen Alter verlieren oft das Interesse am Sex, während Frauen im reifen Alter sexuell häufig unersättlich werden. Das hat ganz bestimmte Gründe. Im Alter zwischen 30 und 40 Jahren kommt bei Frauen mehr Testosteron zur Geltung und die Östrogenwirkung läßt langsam nach. Bei Männern im gleichen Alter kann in vielen Fällen eine mangelhafte Östrogeninaktivierung bestimmend werden, so daß Östrogene über Testosterone dominieren. Dadurch läßt das sexuelle Interesse langsam nach. Besonders bei altersbedingten sexuellen Schwierigkeiten haben sich Tees mit speziellen Wirkstoffen bei beiden Geschlechtern als wahre Wunder bewährt.

Tees zur Steigerung der Potenz

Hier einige der vielversprechendsten Teerezepte:

1. Teerezept

Wirkung:
Verstärkung der Erregbarkeit und der Ausdauer

Zutaten:
Bergschafgarbe 40 g
Damianakraut 40 g
Orangenblüten 30 g
Pfefferminzkraut 30 g
Römische Kamille 30 g

Zubereitung:
Die Kräuter werden gemischt, davon zwei TL pro Tasse Tee bemessen. Kurz aufkochen und zehn Minuten ziehen lassen. Mit Honig süßen.

Hinweise:
Dieser Tee eignet sich besonders als Mittel gegen nachlassendes sexuelles Interesse. Nach einer Trinkkur von zwei bis drei Wochen wird die sexuelle Erregung verstärkt und das Durchhaltevermögen verbessert. Bei Frauen steigt die Libido, und die Durchblutung des kleinen Beckens nimmt zu.

2. Teerezept

Wirkung:
Steigerung des sexuellen Erlebens

Zutaten:
Anis 20 g
Kalmus 30 g
Meerträubelkraut 200 g
Pfefferminzblätter 50 g

Zubereitung:
Von dieser Teemischung 1 TL pro Tasse. Den Tee zehn Minuten auskochen und 20 Minuten zugedeckt ziehen lassen. Mit Honig süßen.
Pro Tag sollten zwei bis drei Tassen von dieser Mischung getrunken werden.

Hinweise:
Die ätherischen Öle und Inhaltsstoffe regen sowohl beim Mann als auch bei der Frau das vegetative Nervensytem an. Das bewirkt eine bessere Durchblutung des Unterleibs und die Beseitigung seelischer Blockaden, die das Sexualverlangen hemmen. Bei Männern wird die Durchblutung der Schwellkörper gesteigert und die Erektionszeit verlängert. Die pharmakologischen Wirkungen der Inhaltsstoffe lassen bei der Frau die Scheidenwände stärker durchbluten. Das fördert das sexuelle Erleben.

3. Teerezept

Wirkung:
Anregung der Sexualität auf natürliche Weise

Zutaten:
Ginsengwurzelpulver 30 g
Kalmuswurzelpulver 30 g
Ingwerwurzelpulver 60 g
Löwenzahnwurzelpulver 30 g
Süßholzpulver 30 g

Zubereitung:
Ein gehäufter TL auf eine große Tasse. Zehn Minuten kochen und 15 Minuten zugedeckt ziehen lassen. Die Tagesmenge beträgt zwei bis drei Tassen.

Hinweise:
Dieser Tee regt die Produktion von Östrogen bei der Frau an und beim Mann die Bildung von Testosteron. Es kommt zu einer beschleunigten Samenproduktion und zu einer vermehrten Ausscheidung des Prostatasekrets. Die gesamte Vitalität erfährt bei beiden Geschlechtern einen Anschub. Die Stimmungslage verbessert sich, wobei die Sexualität auf natürliche Weise angeregt wird.

4. Teerezept

Wirkung:
Steigerung der sexuellen Vitalität

Zutaten:
Kalmus 30 g
Löwenzahnwurzel 30 g
Petersilienwurzel 30 g
Selleriewurzel 40 g

Zubereitung:
Diesen Tee kurz aufkochen, nach zehn Minuten vom Herd nehmen und eine halbe Stunde in einem Porzellangefäß ziehen lassen.

Hinweise:
Der Tee ist reich an Vitaminen und Spurenelementen und versorgt den Körper mit den notwendigen Mikronährstoffen. Das erhöht die sexuelle Vitalität.

5. Teerezept

Wirkung:
Verstärkung der Libido und Empfindungsbreite

Zutaten:
Ginsengpulver 40 g
Guaranapulver 30 g
Ingwerpulver 50 g

Zubereitung:
Von dieser Mischung eine Messerspitze pro Tasse Tee. Zehn Minuten kochen und 20 Minuten ziehen lassen. Die Mischung noch heiß mit Honig gesüßt trinken.

Hinweise:
Der Tee stimuliert das vegetative Nervensytem. Er wirkt entspannend und anregend zugleich. Auf diese Weise lassen sich die Sexualzentren bei beiden Geschlechtern anregen. Es kommt zu einer verstärkten Libido und die Empfindungsbreite wird ausgeweitet.

6. Teerezept

Wirkung:
Stärkeres Ansprechen auf sexuelle Reize

Zutaten:
Brennesselwurzel 50 g
Guayakholzpulver 30 g
Petersilienwurzel 30 g
Sassafrasholz 40 g

Zubereitung:
Ein TL auf eine Tasse fünf Minuten auf kleiner Flamme kochen. Zwanzig Minuten ziehen lassen und noch warm mit Honig trinken.

Hinweise:
Dieser Tee steigert die Libido beim Mann und bei der Frau. Das Ansprechen auf sexuelle Reize wird verbessert. Es kommt zu einer stärkeren Durchblutung der Beckenorgane.

7. Teerezept

Wirkung:
Verminderung der sexuellen Hemmschwelle

Zutaten:
Guaranasamenpulver 40 g
Kaffeebohnenpulver 30 g
Kakaobohnenpulver 100 g
Ingwerpulver 30 g
Vanillepulver 20 g

Zubereitung:
Von dieser Mischung einen gestrichenen TL auf eine Tasse. Fünf Minuten kochen und weitere fünf Minuten ziehen lassen. Anschließend durch einen Papierfilter gießen. Die tägliche Menge beträgt drei Tassen.

Hinweise:
Der Genuß dieses Tees läßt den Sexualpartner attraktiver erscheinen. Die sexuelle Hemmschwelle wird geringer und die Bereitschaft zum Geschlechtsverkehr nimmt zu. Die anregende Wirkung steigert auch die Ausdauer des Mannes.

8. Teerezept

Wirkung:
Steigerung der Lust und Freude am sexuellen Erleben

Zutaten:
Brennesselsamenpulver 30 g
Kaffeebohnenpulver 30 g
Kakaobohnenpulver 50 g
Kardamom 40 g
Ingwerwurzelpulver 50 g

Zubereitung:
Von dieser Pulvermischung zwei Messerspitzen auf eine Tasse Tee. Zehn Minuten auf kleiner Flamme kochen und 15 Minuten ziehen lassen. Durch einen Papierfilter gießen.

Hinweise:
Dieser Tee regt die Sexualzentren im Gehirn und auch im kleinen Becken sowie das vegetative Nervensystem an. Die Frau spricht auf sexuelle Reize schneller an. Beim Mann werden Lust und Ausdauer deutlich erhöht. Die Latenzzeit des Mannes zwischen zwei Sexualakten verkürzt sich. Ganz allgemein wird die Lust und Freude am sexuellen Erleben angehoben.

9. Teerezept

Wirkung:
Schnelleres Ansprechen auf sexuelle Reize

Zutaten:
Catuabapulver 30 g
Galantwurzelpulver 40 g
Koriander 10 g
Ingwerwurzelpulver 30 g
Süßholzpulver 30 g

Zubereitung:
Eine Messerspitze auf eine große Tasse. Zehn Minuten aufkochen und 20 Minuten ziehen lassen. Durch einen Papierfilter gießen. Mit zwei TL Honig wird dieser scharfe und etwas bittere Tee schmackhaft gemacht.

Hinweise:
Die Wirkung dieses Tees setzt bereits nach einer halben Stunde ein. Die Leitungsbahnen für die sexuellen Reflexe werden stimuliert. Die Reflexzeit verkürzt sich. Die Sexualzentren im kleinen Becken werden besser durchblutet. Außerdem stimuliert die Teemischung die Lustzentren im Gehirn und die Großhirnrinde wird beeinflußt. Das Ansprechen auf sexuelle Reize verkürzt sich, und die sexuelle Hemmschwelle sinkt. Bei Männern vergeht die sexuelle Gleichgültigkeit, die Samenproduktion und die Menge an Prostatasekret nehmen zu.

10. Teerezept

Wirkung:
Anregung der Sexualzentren

Zutaten:
Brennesselwurzelpulver 60 g
Catuabapulver 50 g
Kalmuspulver 40 g
Yohimbenrindenpulver 50 g

Zubereitung:
Von diesem Pulver ein bis zwei Msp (je nach Bedarf) auf eine Tasse Tee. Die Mischung zehn Minuten kochen und 20 Minuten ziehen lassen. Durch einen Papierfilter seihen. Zur Tasse Tee einen EL Honig und 100 mg Vitamin-C-Pulver (Ascorbinsäure) geben.

Hinweise:
Dieser Tee unterstützt die Durchblutung des kleinen Beckens. Die Sexualzentren werden angeregt. Das Ansprechen auf sexuelle Reize verkürzt sich. Der Partner erscheint jugendlicher, attraktiver und anziehender. Die Latenzzeit zwischen zwei Akten wird bei Männern deutlich verkürzt. Die Samenmenge nimmt zu. Auch vom Prostatasekret werden 30 Prozent mehr gebildet. Nach dem Sexualakt ist die Erschöpfung geringer und die Befriedigung größer. Die Wirkstoffe des Tees regen auch das lymbische System an, wobei die Libido bei beiden Geschlechtern gesteigert und das Lustempfinden gestärkt wird.

11. Teerezept

Wirkung:
Steigerung der gegenseitigen sexuellen Anziehungskraft

Zutaten:
Catuabapulver 50 g
Ginsengwurzel 30 g
Kalmuspulver 30 g
Ingwerwurzelpulver 50 g
Pfaffia 30 g

Zubereitung:
Von diesem Tee zwei Messerspitzen für eine Tasse. 15 Minuten kochen und 20 Minuten ziehen lassen. Filtern und mit 50 bis 100 mg Vitamin-C-Pulver anreichern.

Hinweise:
Dieser Tee steigert die sexuelle Lust bei beiden Geschlechtern. Die Durchblutung im kleinen Becken nimmt deutlich zu. Die gegenseitige sexuelle Anziehungskraft steigt, und anerzogene Hemmungen werden abgeschwächt. Gerüche, die vom anderen Geschlecht ausgehen, werden als anziehend und angenehm empfunden.

Der Wirkstoff Catuaba hat sich auch in Kapselform zur Intensivierung der Sexualität bewährt. Folgende Pulvermischung wird empfohlen:

20 % Brennesselsamen, 20 % Ingwer, 30 % Catuaba, 30 % Ginseng

Die Pulvermischung in Kapseln zu 250 mg abfüllen. Täglich dreimal zwei Kapseln vor den Mahlzeiten einnehmen. Bereits nach zwei bis drei Wochen Anwendungszeit intensivieren sich die sexuellen Gefühle.

12. Teerezept

Wirkung:
Anregung der Bereitschaft zum sexuellen Verkehr und bessere Steuerung der sexuellen Impulse

Zutaten:
Ackerschachtelhalm 30 g
Anis 10 g
Bergschafgarbe 40 g
Damianablätter 30 g
Orangenblüten 30 g
Pfefferminzblätter 40 g
Sellerieblätter 30 g

Zubereitung:
Den Tee kurz überbrühen, 20 Minuten ziehen lassen und durch einen Keramikfilter seihen. Dazu 50 mg Vitamin C.

Hinweise:
Dieser Tee verbessert die Durchblutung der Sexualorgane. Die Bereitschaft zum sexuellen Verkehr nimmt zu. Auch bei diesem Tee kommt es zu einem gesteigerten Ansprechen auf geschlechtliche Duftstoffe. Bei Frauen in den Wechseljahren verhindert dieser Tee das Austrocknen der Scheide, wobei mehr Lust beim Verkehr erzielt wird. Beim Mann verlängert sich die Dauer der Erektion, und die Latenzzeit zwischen zwei Akten verkürzt sich. Auch ein vorzeitiger Samenerguß wird verhindert, da mit diesem Tee die sexuellen Impulse besser gesteuert werden können.

13. Teerezept

Wirkung:
Förderung der Vitalität und des sexuellen Verlangens

Zutaten:
Brennesselwurzel 40 g
Catuabapulver 40 g
Ingwerpulver 30 g
Selleriewurzelpulver 30 g
Süßholzpulver 30 g
Zimtrindenpulver 10 g

Zubereitung:
Eine Msp für eine Tasse Tee. Fünf Minuten kochen und zugedeckt 15 Minuten ziehen lassen. Nach dem Filtern 50 mg Vitamin C hinzufügen.

Hinweise:
Der Tee fördert die Vitalität und das sexuelle Verlangen. Sexuelle Duftstoffe werden intensiver wahrgenommen. Eine bessere Durchblutung unterstützt die Erektion, und die Produktion des Prostatasekrets nimmt zu. Bei Frauen werden die Vaginalwände lustempfindlicher.

14. Teerezept

Wirkung:
Steigerung der sexuellen Ausdauer

Zutaten:
Brennesselwurzel 30 g
Catuabapulver 50 g
Kalmuspulver 30 g
Löwenzahnwurzel 20 g
Muskatnuß 20 g
Petersilienwurzel 20 g
Vanillepulver 10 g
Zimtpulver 5 g

Zubereitung:
Eine Msp reicht für eine Tasse Tee. Pro Tag sollten drei Tassen getrunken werden. Die Mischung zwei Minuten kochen und 20 Minuten ziehen lassen. Abseihen und pro Tasse 50 mg Ascorbinsäure hinzufügen.

Hinweise:
Dieser Tee steigert die sexuelle Ausdauer. Die Inhaltsstoffe der Muskatnuß regen die Libido an. Von einer bestimmten Dosis an werden sexuelle Hemmschwellen abgebaut. Die Wirkung dieses Tees setzt bereits nach einer bis zwei Stunden ein und hält drei bis vier Stunden vor. Bei Männern kommt es zu einer verstärkten Erektion, die länger andauert.

15. Teerezept

Wirkung:
Durch diesen Wildkräutertee wird die Lust angeregt, die Libido nimmt zu, das Verlangen steigt an und das körperliche Durchhaltevermögen wird besser.

Zutaten:
Brennesselsamen 50 g
Catuaba 20 g
Löwenzahnwurzel 30 g

Zubereitung:
Von diesem Tee nehme man eine TL auf 500 ml Wasser, koche den Tee 20 Minuten aus, lasse ihn dann noch eine halbe Stunde lang ziehen und trinke ihn mit Honig gesüßt. Die Tagesration beträgt fünf mal eine Tasse.

Hinweise:
Dieser Tee fördert vor allem beim reifen Mann die Sexualität.

Wildkräuter als Aphrodisiakum

Bei vielen Menschen kommt es zum Nachlassen der Sexualität, weil dem Körper essentielle Aminosäuren fehlen, wichtige Spurenelemente in zu geringer Dosis vorhanden sind oder giftige Schwermetalle ständig mit der Nahrung aufgenommen werden. Auch Herbizide und Pestizide (Unkraut- und Insektenvernichtungsmittel) haben bei Langzeitanwendung beim Menschen verheerende Auswirkungen auf das Wohlbefinden und die Sexualität. Die meisten Nahrungsmittel, die heutzutage verzehrt werden,

sind durch chemische Vorgänge verändert und mittels sogenannter Reinigungsverfahren verfälscht. Die angewendeten Pasteurisations- oder Sterilisationsvorgänge machen zudem die ursprüngliche Kost biologisch wertlos.
Ein Beispiel soll das erklären: Ende der vierziger Jahre war die Rinder-Tbc weit verbreitet. Man glaubte, daß durch das Pasteurisieren der Milch die Kälber vor der Übertragung der Tbc geschützt werden könnten. Das einzige Resultat war, daß die Kälber durch die wertlose Nahrung innerhalb kurzer Zeit kraftlos, schwach und schließlich lebensunfähig wurden. Das bedeutet nichts anderes, als daß diese entvitalisierte Milch auch dem Menschen keine Kraft und Energie spenden kann. Auch die herkömmlichen Gemüsesorten sind zum Großteil durch entsprechende Zuchtmethoden degeneriert und arm an lebenswichtigen Vitalstoffen. Was bleibt zu tun? Die Natur kommt dem Menschen zu Hilfe. Es gibt nicht wenige wildwachsende Kräuter, die eine geschwächte Vitalität oder eine gestörte Sexualität wieder aufbauen können.
Diese Wildkräuter machen das Essen abwechslungsreich und verbessern den Geschmack vieler Speisen. Die körperliche Vitalität wird aufgebaut und das sexuelle Verlangen gestärkt. Bestimmte Wildkräuter sind geradezu Gesundheitsknüller. Sie bieten zahlreiche Mineralien, Vitamine, Spurenelemente, die der menschliche Körper zum optimalen Funktionieren seiner Stoffwechselvorgänge braucht. Es kann behauptet werden, daß der Körper genetisch auf den Wildkräuterverzehr über Millionen von Jahren angepaßt wurde. Die heutige Kochkunst wirkt oft zerstörend auf die Vitalstoffe. Sie macht zwar einige Lebensmittel leichter verdaulich, das geht jedoch auf Kosten der Immunkraft, Ausdauer, Vitalität und Sexualität.
Wildkräuter sollten zum richtigen Augenblick gesammelt werden. Es muß auf die optimale Jahreszeit geachtet werden. Bereits im März steht eine reichhaltige Auswahl an Löwenzahnblättern, Gänseblümchen und bestimmten Trieben und Knospen zur Verfügung. Gerade die Triebe, die frisch aus der Erde kommen, sind besonders reich an Vitaminen und Spurenelementen. Ende März

und Anfang April ist die Zeit des Löwenzahnsalats. Er ist dann sehr schmackhaft, zart und heilkräftig. Es sollte immer darauf geachtet werden, daß die richtigen Pflanzen gepflückt werden. Giftige Pflanzen wie z. B. Schneeglöckchen, Hahnenfußgewächse, Oleander und Digitalisarten sollten nicht einmal berührt werden, denn bei diesen und anderen Pflanzen besteht auch eine Kontakttoxizität, d. h. schon die Berührung der Pflanze kann zu Allergien, Hautrötungen und anderen Giftwirkungen führen. Man sollte sich auf keine Experimente einlassen, sondern nur gut verträgliche Wildpflanzen und Heilkräuter sammeln.

Schmackhafte Salate zur Steigerung der Sexualität

1. Salatrezept

Wirkung:
Dieser Salat bekämpft besonders die Frühjahrsmüdigkeit und ein Nachlassen der Sexualität. Er empfiehlt sich vor allem für die Monate März und April.

Zutaten:
10 Radicchioblätter
100 g Rapunzelsalat
20 Löwenzahnblätter

Zubereitung:
Dieser Salat sollte mit Essig und Öl angemacht werden, dazu ein rohes Ei, mit einer fein gehackten roten Paprika. Nach Geschmack kann auch eine Knoblauchzehe, fein geschnitten, darunter gemischt werden.

Hinweise:
Anstelle von Essig empfiehlt es sich, Zitronensaft von sizilianischen Zitronen teelöffelweise unterzumengen. Die Zitronen in Süditalien wachsen teilweise auf vulkanischem Boden und sind besonders reich an Spurenelementen wie Mangan, Magnesium, Molybdän und Germanium. Auch der Selengehalt dieser Südfrüchte ist beachtlich.

2. Salatrezept

Wirkung:
Folgende Wildsalatmischung hilft, wenn die Sexualität hauptsächlich durch einen Mangel an Spurenelementen eingeschränkt ist.

Zutaten:
20 Blätter Bachbunge (Bachehrenpreis)
10 Blätter Endiviensalat, fein geschnitten
3 TL Schnittlauch, fein gehackt
20 g Löwenzahnwurzel, fein gehackt

Zubereitung:
Über diese Salatmischung 100 g Knoblauch-Joghurt-Dressing geben.

Hinweise:
Der wirksame Bestandteil dieses Salates ist die Bachbunge. Das ist eine etwa 30 cm hohe Pflanze mit einem kräftigen runden Stengel. Die Blätter sind ganz fein eingeschnitten, die Blüten sind je nach der Bodenbeschaffenheit azurblau bis dunkelviolett bzw. -rötlich. Die Blütenfarbe hängt vom ph-Wert des Bodens ab. Bei saurem Boden sind die Blüten eher rötlich, bei basischen Bodenbeschaffenheiten sind sie eher hellblau. Die Pflanze findet sich in der Nähe von langsam fließenden Gewässern kleiner Flußläufe und in Sumpfgebieten. Bestimmte Formen der Bachbunge sind in den Alpen bis zur Vegetationsgrenze hin nachweisbar. Je höher diese Pflanze wächst, desto kleiner, aber widerstandsfähiger sind die Blätter.

3. Salatrezept

Wirkung:
Die Kombination von frischen Salatkräutern und Fisch hilft bei sinkender Vitalität und Frühjahrsmüdigkeit.

Zutaten:
4 Dorschfilets zu je 100 g
1 EL Olivenöl
20 g Bachbunge
30 g Bärlauch
30 g Brunnenkresse

Für das Salatdressing:

1 Zwiebel, 1 Knoblauchzehe
1 Msp Meersalz, 100 g süße Sahne
Saft von $^{1}/_{2}$ Zitrone, Pfeffer, Cayennepfeffer
1 Prise Puderzucker

Zubereitung:
Das Fischfilet im Olivenöl anbraten. Die Salatkräuter vermengen, die Zwiebel fein hacken. Den Knoblauch pressen und mit dem Salz verreiben.
Alles mit der steif geschlagenen Sahne vermengen, mit Zitronensaft, Meersalz, Pfeffer, Cayennepfeffer und etwas Puderzucker abschmecken.

Hinweise:
Bestehen eine ausgeprägte Müdigkeit und Antriebslosigkeit, beim Mann eine Potenzschwäche, bei der Frau extreme Lustlosigkeit, sollte eine Kur mit zwei mg Melatonin am Abend, 50 mg DHEA morgens für mindestens drei Wochen durchgeführt werden. Die Kost sollte fleischlos sein, jedoch empfiehlt es sich, größere Mengen an frischem Fisch zu verzehren.

4. Salatrezept

Wirkung:
Libidosteigerung bei Mann und Frau.

Zutaten:
20 Shrimps ohne Schale
200 g Kartoffelsalat
100 g Daikonkresse, fein geschnitten
1 Handvoll Kichererbsenkeimlinge
1 Handvoll Alfalfakeimlinge
100 g Surinam-Portulak, fein geschnitten
20 Löwenzahnblätter, fein geschnitten

Zubereitung:
Alle Zutaten vermengen, mit der Salatsauce Ihrer Wahl anmachen.

Hinweise:
Diese Mixtur sollte eine halbe Stunde vor dem Verkehr verzehrt werden. Sie wirkt körperlich und seelisch ausgleichend, so daß die Voraussetzungen für eine beiderseitige sexuelle Befriedigung gegeben sind.

5. Salatrezept

Wirkung:
Dieser Salat beseitigt Potenzschwäche, die körperliche und seelische Ursachen hat.

Zutaten:
100 g Schlangenhaargurke*, fein geschnitten
100 g Schnittkohl**, fein geschnitten
5 Okraschoten, fein geschnitten
100 g Karotten, fein gerieben

Zubereitung:
Der Salat reicht für zwei Personen und sollte mit Olivenöl angerührt werden.

Hinweise:
Es kommt zu einer deutlichen Libidosteigerung bei beiden Geschlechtern. Täglich konsumiert ist nach etwa zwei bis drei Wochen mit einer verbesserten Orgasmusfähigkeit bei der Frau und mit einer gesteigerten Potenz beim Mann zu rechnen.

---

* Die Schlangenhaargurke kommt aus Asien, deshalb finden Sie sie am ehesten in asiatischen Lebensmittelläden.

** Schnittkohl ist ein spinatähnlicher Gartenkohl mit teils gekräuselten Rändern in grün, gelb oder violett. Kann früher geerntet werden als andere Kohlsorten.

6. Salatrezept

Wirkung:
Folgender Salat lindert seelische Unzufriedenheit, Streß, Spannungen und körperliche Schwäche, welche die Potenzleistung vermindern.

Zutaten:
150 g Kartoffelsalat
100 g Pimpernell, fein geschnitten
100 g Kerbelkraut, fein geschnitten
3 Knoblauchzehen, fein geschnitten
20 g Alfalfakeimlinge
10 g Linsenkeimlinge
1 weiße Zwiebel, fein gehackt
10 Beinwellblätter, fein gehackt

Zubereitung:
Diesen Salat mit drei rohen Eiern mischen und mit der Salatsauce Ihrer Wahl anmachen.

Hinweise:
Den Salat etwa eine halbe Stunde vor dem Verkehr verzehren. Nach drei bis vier Wochen Anwendungszeit nimmt die sexuelle Ausdauer zu, Erektionsprobleme lassen nach, und die Orgasmusfähigkeit wird gesteigert. Auch die Ejakulationsmenge wird größer, denn diese Salatmischung wirkt stärkend, entgiftend und regenerierend.

7. Salatrezept

Wirkung:
Bei Potenzstörungen infolge fortgeschrittenen Alters ist folgender Salat besonders empfehlenswert:

Zutaten:
150 g Kartoffelsalat
3 rohe Eier
50 g Portulak, fein geschnitten
20 g Rauke (Rucola), fein geschnitten

Zubereitung:
Alle Zutaten vermengen. Zur Anregung des Nervensystems gibt man drei kleine, fein geschnittene Beifußblätter hinzu. Es kann auch Beinwell verwendet werden. Als Würze dienen fein geschnittener Knoblauch und ein EL Olivenöl.

Hinweise:
Dieser Salat sollte kurz vor dem Verkehr gegessen werden. Er steigert die körperliche Leistungsfähigkeit, erhöht die Libido und erleichtert die Orgasmusfähigkeit. Dieser schmackhafte Salat ist als Kur über einen längeren Zeitraum einzunehmen. Nach ungefähr zwei bis drei Wochen Anwendungszeit sind die ersten erfreulichen Ergebnisse zu erwarten. Es kommt zu einer Reaktivierung auch einer bereits eingeschlafenen Sexualität.

8. Salatrezept

Wirkung:
Die Mischung bietet die besten Voraussetzungen, die Libido anzuregen.

Zutaten:
1 Bund Filderkraut (Weiß- oder Spitzkohl), fein geschnittem
1 Handvoll Winterkresse (Barbarea vulgaris)
etwas Rauke (Rucola), fein geschnitten
2 Fleischtomaten, klein geschnitten
1 Handvoll Kichererbsenkeimlinge
1 Handvoll Sojasprossen
150 ml Joghurt mit Bifiduskeimen
1 Msp Meersalz
1 Knoblauchzehe, fein geschnitten

Zubereitung:
Diesen Salat mit dem mit Meersalz verriebenen Knoblauch würzen.

Hinweise:
Diese Salatmischung sollte eine halbe Stunde vor dem Verkehr verzehrt werden. Sie steigert das Durchhaltevermögen und gleicht eventuell vorhandene seelische und körperliche Schwächen aus.

9. Salatrezept

Wirkung:
Diese Mischung hat sich ebenfalls bei Orgasmusschwierigkeiten von Frauen bewährt und wirkt auf Frauen wie Männer anregend.

Zutaten:
100 g Spinatblätter
100 g Brennesselblätter
100 g Giersch
100 g Guter Heinrich
100 g Huflattich

Für das Dressing:
2 Eigelb
Saft einer Zitrone
1 TL scharfer Senf
1 Msp Cayennepfeffer
1 EL Weinessig
1 Msp Worcestersauce
100 ml Olivenöl

Zubereitung:
Die Wildgemüse werden fein geschnitten und mit Majonaisedressing übergossen.
Das Dressing wie folgt herstellen:
Zwei Eigelbe mit dem Saft einer Zitrone und einem Teelöffel scharfem Senf glatt rühren. Eine Prise Cayennepfeffer, einen EL Weinessig, eine Messerspitze Worcestersauce und 100 ml Olivenöl mit dem Schneebesen einrühren.

Hinweise:
Das Majonaisedressing macht den wilden Salat besonders schmackhaft.

10. Salattrunk

Wirkung:
Folgende Rezeptur beseitigt Frühjahrsmüdigkeit, Lustlosigkeit, Abgeschlagenheit und Antriebslosigkeit als Ursachen für eine nachlassende Sexualität.

Zutaten:
20 Bärlauchblätter
100 g Rapunzelsalat
3 Blätter Radicchio
3 Zitronen, geschält
1 EL steirisches Kürbiskernöl (Dieses ist besonders reich an Wirkstoffen, die vom Urogenitalsystem dringend benötigt werden.)
500 ml Wasser

Zubereitung:
Im Mixer wird diese Mischung auf mittlerer Stufe drei Minuten lang zerkleinert und homogenisiert, anschließend innerhalb von rund 20 Minuten eingenommen.

Hinweise:
Diese Mischung sollte immer frisch zubereitet und schnell getrunken werden, um eine Oxidation der einzelnen Bestandteile zu vermeiden. Durch Luftzutritt wird nämlich die Wirksamkeit dieses Liebeselixiers geschwächt.

Der Bärlauch wird Mitte bis Ende April an schattigen Waldrändern gefunden. Auch in Lichtungen von Eichen- oder Buchenwäldern kommt er massenhaft vor, bevorzugt aber in Höhen von 500 bis 1000 m. Dieses Gesundheitskraut kann durch seinen an Knoblauch erinnernden Geruch schon aus großer Entfernung erkannt werden. Der Bärlauch ist eine Heilpflanze, die schon den alten

Germanen bekannt war. Auch die Kelten verwendeten ihn wegen seiner harntreibenden Kraft. Es besteht auch eine entgiftende Wirkung auf das gesamte Urogenitalsystem. Durch Bärlauch werden Cholesterinablagerungen schnell und sicher beseitigt, so daß die Genitalarterien besser durchblutet werden. Die oben erwähnte Säftemischung sollte, solange es frischen Bärlauch gibt, täglich getrunken werden.
Bärlauch hilft auch, wenn ein Nachlassen der Libido mit Prostatabeschwerden verbunden ist. Es empfiehlt sich, folgende Suppe einzunehmen:

Bärlauchsuppe

Für 2–3 Personen:
Ein vegetarischer Suppenwürfel wird in 750 ml Wasser aufgekocht. Dem kann eine Handvoll Vollwertnudeln zugefügt werden. Nach einigen Minuten, wenn die Nudeln weich gekocht sind, sollte die Nudelsuppe mit frisch gehacktem Bärlauch und mit geriebener Ingwerwurzel (0,5 bis 1 cm) bestreut werden. Pro Suppenteller sind ein TL frisch gepreßter Knoblauchsaft und ein rohes Ei einzurühren. Durch diese Zusammenstellung ist die Suppe besonders wirkungsvoll. Das Eiweiß soll nur teilweise gerinnen, um die Wertstoffe voll zu erhalten.

11. Wildkräutertrunk

Wirkung:
Die Blätter der Bachbunge dienen vor allem der Steigerung der Sexualität. Bewährt hat sich folgende Mischung:

Zutaten:
10 Löwenzahnblätter
5 Bachbungenblätter
2 Zitronen
3 Knoblauchzehen
1 kleine Peperoni
3 TL kalt gepreßtes Olivenöl
500 ml Wasser
1 Msp Meersalz

Zubereitung:
Diese Mischung sollte in einem Mixer mit hoher Geschwindigkeit zerkleinert werden, bis eine homogene Mischung entstanden ist.

Hinweise:
Die Mischung hat zwar einen intensiven Geschmack, kann jedoch bei weiblicher Frigidität oder männlicher Lustlosigkeit erstaunlich gut helfen.
Um die Sexualität zu steigern, können die Blätter der Bachbunge auch fein gehackt auf Butterbrot gestrichen werden. Die Mischung mit Petersilie oder Schnittlauch oder Dill ist empfehlenswert. Der Anteil der Bachbunge sollte mindestens 30 bis 50 Prozent betragen.

Beinwell – Heilkraut gegen Potenzschwäche

Ein ausgezeichnetes Heilkraut gegen Potenzschwäche ist der Beinwell. Sein hoher Mineralstoffgehalt und das darin enthaltene Allantoin sind gute Voraussetzungen, daß die Potenz lange Zeit erhalten bleibt.

Die Beinwellpflanze kann 70 bis 90 cm hoch werden. Die Pfahlwurzel ist im Durchschnitt zwei bis drei cm dick. Außen ist die Wurzel dunkel, innen gelblich oder weißlich. Der Stengel ist im Durchschnitt 0,5 bis 0,6 cm dick. Die Blätter sind lanzettenförmig, bis zu 15 cm lang, die Unterseite der Blätter ist behaart. Die Blüten sind blau bis purpurrot. Der Geschmack der frischen Blätter ist mild-würzig und angenehm. Die Pflanze ist vorwiegend auf ausreichend feuchten Wiesen in der Nähe von Flußläufen zu finden. Die Blätter können von Mitte März bis Mitte August geerntet werden. Die Wurzel ist besonders im August, September und Anfang Oktober ausgereift und voll von Mineralstoffen.

Beinwell ist eine alte Heilpflanze, die schon bei den alten Ägyptern und Griechen sowie Persern verwendet worden ist. In der Antike wurden hauptsächlich die jungen, frischen Blätter als Salat gegessen.

Durch den Gehalt an Allantoin und Cholin werden zuverlässig Entzündungen der ableitenden Harnwege beseitigt. Wenn von den Blättern eine ausreichende Menge an Salat gegessen wird, nimmt die Menge des Prostatasekrets um 20 Prozent zu. Auch die Sekretion der paravaginalen Drüsen wird stärker, so daß genügend natürliche Gleitmittel vorhanden sind.

Wildkräutersaft mit Beinwell

Wirkung:
Der schmackhafte Saft ist für die Stimulierung des sexuellen Erlebnisses vorteilhaft.

Zutaten:
100 g Beinwellblätter
50 g Spinatblätter
1 kleine Peperoni
2 Zitronen, geschält
1 Tomate
500 ml Wasser

Zubereitung:
Diese Mischung sollte zwei bis drei Minuten im Mixer bei hoher Geschwindigkeit homogenisiert werden. Der Saft ist innerhalb von 20 Minuten schluckweise zu trinken.

Hinweise:
Der Tagesbedarf an wichtigen Mineralstoffen, Spurenelementen und Vitaminen wird durch diese Saftkombination voll gedeckt. Er ist zur Langzeitanwendung bestens geeignet. So können auch Beschwerden in der Menopause, wie z. B. erhöhter Blutdruck und Hitzewallungen günstig beeinflußt werden.

Besondere Rezepturen

Wildkräutersaft mit Spinat

Wirkung:
Dieser Saft hilft insbesondere bei Orgasmusschwierigkeiten von Frauen.

Zutaten:
300 g Spinatblätter
100 g Brennesselblätter
20 g Huflattichblätter
50 g Sauerampferblätter
20 g Wiesenknöterich
20 g Spitzwegerichblätter
2 Zitronen, geschält
750 ml Wasser

Zubereitung:
Bei hoher Geschwindigkeit wird von dieser Mischung im Mixer in nicht mehr als zwei Minuten ein homogenes Getränk zubereitet. Diese Mixtur innerhalb einer halben Stunde schluckweise trinken.

Hinweise:
Eine kurmäßige Anwendung über drei bis vier Wochen ist anzuraten, um auch hartnäckige Orgasmusprobleme zu beseitigen. Die Mineralstoff- und Spurenelementekonzentration ist bei dieser Säftemischung außerordentlich hoch, weil die Wildpflanzen mehr Vitalität, Ausdauer und Lebenskraft besitzen als degenerierte Kulturpflanzen.

Hier noch ein besonderer Tip:

Kurz vor dem sexuellen Zusammensein empfiehlt sich folgende Speise:

1 Teller Kartoffelsalat mit 3 rohen Eiern
2 Austern
20 Miesmuscheln

Dem Kartoffelsalat sollten fein gehackte krause Petersilie, gehackte weiße Zwiebel und drei fein gehackte Knoblauchzehen untergemischt werden.

Saft mit Karotten und Äpfeln

Wirkung:
Die Saftmischung beseitigt vorübergehende, leichte Potenzprobleme.

Zutaten:
20 Karotten
3 Golden-Delicious-Äpfel
1 cm Ingwer
2 Gewürzpaprika (Pfefferschoten/Peperoni)
2 Blätter Senfspinat (siehe Seite 6)

Hinweise:
Dieser Pflanzensaft sollte unmittelbar nach dem Zentrifugieren getrunken werden. Der Vitamin-C-Gehalt ist sehr hoch. Der Geschmack ist scharf, aber nach einigen Tagen gewöhnt sich der Körper daran. Hauptsächlich auch deswegen, weil bei täglicher Einnahme die gesundheitliche Wirkung des Gemüsesaftes nicht lange auf sich warten läßt.

Die Sexualität des alternden Mannes

Wie Frauen kommen auch Männer in die sogenannten Wechseljahre. Die korrekte Bezeichnung ist »Andropause«, bei Frauen »Menopause«. Dieser Zustand beginnt zwischen dem 40. und dem 50. Lebensjahr. Je nach Lebensweise und Ernährungsgewohnheiten kann diese Zeit der Lebensumstellung zehn Jahre früher oder später auftreten. Bei manchen Männern kommt es bereits mit 35 zu einer hormonellen Umstellung, bei anderen erst ab 65. Es handelt sich dabei um einen Zustand mit hormonellen, körperlichen, seelischen, sozialen und sexuellen Änderungen. Anders als bei der Frau sind die Veränderungen nicht so einschneidend, denn das Nachlassen der Hormonproduktion geschieht allmählich und nicht wie bei der Frau von einem Monat zum anderen.

Die Andropause sollte nicht der Anfang vom Ende sein, so wie es viele befürchten, sondern als das Ende der unerfahrenen Jugend angesehen werden. Auch nach der Andropause kann die Sexualität befriedigend, erfüllend und ausreichend lustvoll erlebt werden. In Europa erleben derzeit etwa 30 Millionen Männer die Zeit der Andropause. Durch die höhere Lebenserwartung werden es im Jahre 2020 rund 60 Millionen Männer sein. Diese Bevölkerungsgruppe sollte durch geeignete Ratschläge, z. T. auch durch Hormonersatztherapien mit wirksamen Naturheilmitteln unterstützt werden, so daß die Sexualität, die allgemeine Lebensfreude und die Schaffenskraft erhalten bleiben.

Im Gegensatz zu den Frauen ist die Andropause bei Männern von

Ärzten vernachlässigt worden, denn der Einsatz von Testosteron als Hormonersatztherapie konnte sich nicht durchsetzen. Die männliche Psyche ist wohl in dieser Hinsicht sensibler als die weibliche, und Arztbesuche sind bei Männern in der Altersgruppe zwischen 40 und 60 zehnmal seltener als bei Frauen, da die Männer von klein auf trainiert wurden, keine Schwächen zu zeigen. Männer finden sich mit dem Nachlassen der Potenz, Lebensfreude und Lebensenergie schneller ab als Frauen der gleichen Altersstufe, die schon bei geringfügigen Gesundheitsstörungen einen Facharzt aufsuchen.

Das kann zu erheblichen Problemen führen: In der Altersgruppe der 40- bis 60jährigen Männer gibt es zehnmal so viele Selbstmordopfer als in der gleichaltrigen weiblichen Gruppe. Aufgrund einer nachlassenden Potenz entwickeln viele Männer schwere Depressionen. Sogar der häufige Verlust des üppigen Haarwuchses zur Zeit der Andropause ist für viele Männer seelisch kaum zu ertragen.

Die Beschwerden und Symptome in der Andropause sind vielfältig: Die Erholungszeit nach Krankheiten, Verletzungen und Wunden dauert länger als in der Jugend. Die Ausdauer bei körperlichen Krafteinsätzen läßt um 50 Prozent nach. Auch die Ausdauer beim Geschlechtsverkehr nimmt stark ab. Der Fettansatz rund um den Bauch wird bei den meisten Männern in den Wechseljahren sehr deutlich. Die Sehkraft und das Auflösungsvermögen der Augen lassen nach, so daß es fast unmöglich wird, Kleingedrucktes zu lesen. Das Gedächtnis nimmt ab, die Aufmerksamkeit verringert sich und das Reaktionsvermögen verändert sich. Die Haardichte lichtet sich um 40 bis 60 Prozent, die Haare werden dünner und fallen schneller aus. Auch die Geschwindigkeit des Bartwuchses verringert sich beträchtlich.

Die wichtigsten psychologischen Merkmale, die bei der Andropause auftreten können, sind: Reizbarkeit, Unentschlossenheit, Angstzustände, Phobien, Panikattacken, Verlust des Selbstvertrauens, der Lebensfreude, des Lebenssinns, der Lebensorientierung. Männer in den Wechseljahren fühlen sich oft einsam,

ungeliebt, unattraktiv und nicht mehr begehrenswert. Konzentrations- und Denkvermögen lassen nach.
Die sexuellen Veränderungen in den Wechseljahren bestehen im nachlassenden sexuellen Interesse. Die eintretenden sexuellen Veränderungen rufen Angst, Frust und Depressionen hervor. Es entstehen sexuelle Phantasien, die auf andere Personen gerichtet sind, denn der eigene Partner wird als reizlos und uninteressant angesehen. Das hat zur Folge, daß die Scheidungsrate in diesem Altersabschnitt beträchtlich zunimmt.
Das Nachlassen der Erektionsfähigkeit und der sexuellen Aktivität ist beträchtlich. Anstatt zweimal wöchentlich, wie es der Altersgruppe von 25- bis 35jährigen entspricht, kommt es höchstens einmal im Monat zu einer angemessenen sexuellen Aktivität. In der Altersgruppe der 40- bis 60jährigen ist bereits jeder zweite nicht imstande, den Geschlechtsverkehr durchzuführen. Es besteht weder Interesse noch die körperliche Voraussetzung dazu. In vielen Fällen braucht es eine manuelle Stimulierung, um den Erektionsgrad zu erreichen, der für den Beischlaf notwendig ist. In der Altersgruppe der 40- bis 50jährigen ist die erreichte Härte der Erektion um 20 bis 30 Prozent geringer als in früheren Jahren. Der Ejakulationsdruck nimmt ab. Selten kommt es zu einem starken Orgasmus, wie im Alter von 20 oder 30 Jahren. Die Ejakulationsmenge läßt beträchtlich nach.
Es gibt eine ganze Reihe von erprobten Hilfsmitteln, um es in der Andropause nicht zu einer schwer zu behandelnden Impotenz kommen zu lassen. So kann zum Beispiel eine gezielte Ernährung gegen die beschriebenen Schwierigkeiten in den Wechseljahren verläßlich wirken.

Menü zur Steigerung der Sexualität

Wenn die Sexualität nachläßt, sollte beim Mann das Tagesmenü wie folgt aussehen:

Morgens
200 g Haferflocken
1 rohes Ei
30 Rosinen
250 ml Magerjoghurt
3 Scheiben Pumpernickel
Magerquark

Vormittags
1 Apfelsine oder eine andere kaliumreiche Frucht, wie z. B.
1 Banane oder 2 Kiwis

Mittags
200 g Feldsalat
2 Knoblauchzehen, fein gehackt
1 Prise Cayennepfeffer
1 Prise Muskatnuß
3 Pellkartoffeln
20 g Butter

Als Getränk:
1 geschälte Zitrone
1 kleiner Apfel
1 Banane
1 geschälte Kiwi
0,25 l Wasser

Diese Mischung sollte im Mixer drei Minuten homogenisiert werden. Der Vorteil dieses Getränkes liegt in der reichen Kaliumionenkonzentration. Dadurch wird überflüssiges Natrium ausgeschieden, der Körper entgiftet und mit pflanzlichen Nährstoffen sowie mit Mikronährstoffen und Mineralstoffen optimal versorgt.

Nachmittags
2 Scheiben Pumpernickel
10 g Butter

Als Getränk:
500 ml Orangensaft, frisch gepreßt

Abends
200 g brauner Reis
200 g Kopfsalat
10 Zwiebelringe
2 Heringe
5 kleine runde Scheiben Pumpernickel
Magerquark

Als Getränk:
500 ml Molke

Spät
2 Tomaten, fein geschnitten
Essig und Öl
1 kleines Stück Mozzarella

Menü zur Anregung der Sexualität

Morgens
200 g Haferflocken
100 g Kürbiskerne
200 ml Molke
1 Magerjoghurt

Als Getränk:
250 ml Karottensaft, frisch gepreßt
1 kleines Stück Ingwer

Vormittags
2 Orangen

Mittags
100 g Rucolasalat
200 g Kopfsalat
50 g Brunnenkresse
4 Pellkartoffeln
2 EL Olivenöl
1 TL Balsamessig
30 Oliven
20 Zwiebelringe
5 Scheiben Pumpernickel
150 g Dorschfilet

Als Getränk:
500 ml Orangen-Karotten-Saft, zu gleichen Teilen frisch gepreßt

Nachmittags
Als Getränk:
250 ml Molke

Abends
3 Fleischtomaten, in Scheiben geschnitten
100 g Mozzarella
2 EL Olivenöl
10 g Schnittlauch, fein gehackt

Als Getränk:
1 Zitrone, geschält
1 Banane
2 Kiwis
30 g Kokosnuß
1 l Wasser

Im Mixer die Bestandteile mit dem Wasser drei Minuten lang homogenisieren. Dieses Getränk gleicht den Kalium-Natrium-Spiegel aus. Die Prostatafunktion verbessert sich und zu hohe Blutfettwerte werden normalisiert.

Um das Interesse an der Sexualität zu steigern, sollte diese Diät drei bis vier Wochen eingehalten werden. Durch diesen Ernährungsplan wird die körpereigene Testosteronproduktion angeregt, so daß die sexuellen Bedürfnisse stark zunehmen.

Angst vor Impotenz

Mit zunehmendem Alter läßt häufig die Lebensfreude nach und die Angst vor dem Versagen tritt in den Vordergrund. Wenn es bei der Sexualität für ein zweites Mal nicht mehr reicht, ist das kein Grund zur Beunruhigung. Wenn jedoch beim ersten Versuch bereits ein sexuelles Erlebnis nicht zustande kommt, dann sind Probleme vorprogrammiert. Zwanghafte Angstzustände können die Folge sein: Angst vor dem Versagen, Angst als Versager abgestempelt zu werden und Angst, in der Ehe die sexuelle Pflicht nicht mehr erfüllen zu können. Diese Angstzustände können das Denken beherrschen und durch eine sich selbst erfüllende eingebildete Prophezeiung das Selbstvertrauen und die Selbstsicherheit rauben.

Menüvorschläge zur Vermeidung von Depressionen

Bei Angstzuständen und depressiven Gedanken zur Sexualität sind folgende Speisepläne zu empfehlen.

Menüvorschlag I

<u>Morgens</u>
250 g Haferflocken
2 TL geriebene Zimtrinde
30 Rosinen
250 ml Magerjoghurt

Als Getränk:
500 ml Karotten-Orangen-Saft, zu gleichen Teilen frisch gepreßt

<u>Vormittags</u>
2 Kiwis

<u>Mittags</u>
4 Pellkartoffeln
200 g Dorschfilet
200 g Rucolasalat
Essig und Öl
1 Prise Muskatnuß
1 Prise frisch gemahlene rote Pfefferkörner

Als Getränk:
500 ml Karottensaft, frisch gepreßt

Nachmittags
3 Scheiben Pumpernickel
Magerquark

Abends
100 g Brunnenkresse
100 g Rucolasalat
4 EL Joghurt-Sahne-Dressing
3 Pellkartoffeln
10 g Butter
100 g Magerkäse

Als Getränk:
500 ml Karotten-Orangen-Saft, zu gleichen Teilen frisch gepreßt

Spät
1 Apfel
1 Banane

Menüvorschlag II

Morgens
250 g Haferflocken
250 ml Molke
30 Rosinen
1 TL gemahlene Zimtrinde

Als Getränk:
500 ml Karottensaft, frisch gepreßt
1 kleines Stück Ingwer

Vormittags
1 Tasse Ginsengtee
1 TL Tiroler Waldhonig

Mittags
Als Hauptspeise:
250 g Endiviensalat
100 g Pecannüsse
125 ml Joghurtdressing
1 Prise Cayennepfeffer
20 Zwiebelringe
30 schwarze Oliven, entkernt
1 TL Senf
1 Msp Meersalz
1 TL Paprikapulver
2 EL Olivenöl
3 Pellkartoffeln
50 g Gorgonzola

Als Nachspeise:
5 Datteln
2 Feigen
2 Orangen
1 Banane

Als Getränk:
2 Kiwis
1 Papaya mit den schwarzen Kernen (äußere Schale mit Kartoffelschäler entfernen)
2 Karotten
20 g Kokosnuß
mit 1 l Wasser homogenisiert

<u>Nachmittags</u>
2 Scheiben Pumpernickel

Als Getränk:
Ginseng-Ingwer-Kalmus-Tee zu gleichen Teilen
1 TL Waldhonig

<u>Abends</u>
2 Fleischtomaten, in Scheiben geschnitten
20 Oliven, entkernt
1 Paprika, fein geschnitten
1 EL Weinessig
200 g Rucolasalat, mit römischem Salat gemischt
1 TL scharfer Senf
1 EL Sojaöl
1 Msp Knoblauch, fein gehackt
1 EL Petersilie, fein gehackt
1 hart gekochtes Ei
100 g Artischocken
3 Scheiben Pumpernickel
20 g Butter

Als Getränk:
500 ml Orangensaft, frisch gepreßt

Dieser Ernährungsplan beseitigt die Angst vor der Sexualität. Das sexuelle Empfinden wird verstärkt wahrgenommen und die Ausdauer beim Geschlechtsverkehr erhöht. Diese Diät ermöglicht bereits nach wenigen Wochen wieder ein lustvolles und befriedigendes Sexualleben.

Anregende Mittel für beide Geschlechter

Abelmoschus

Dieser Pflanzenextrakt stammt von der Pflanze *Hibiscus moschatus*. Sie gehört zu der Familie der Malvengewächse und kommt im tropischen Asien und auf den Ostindischen Inseln vor. Die Samen, die nach Moschus riechen, verleihen Getränken einen angenehmen Geschmack.

In Indien wird die Tinktur von Abelmoschus als stark wirksames Aphrodisiakum verwendet. Besonders wenn das Hormongleichgewicht bei Frauen gestört ist, kann eine beginnende Frigidität durch Abelmoschus beseitigt werden. In Verbindung mit anderen Pflanzen regt dieses Gewächs die Sexualität wirksam an.

Rezept

Zutaten:
Abelmoschussamentinktur 30 g
Ginsengtinktur 30 g
Guaranatinktur 20 g
Pfaffiatinktur 20 g

Anwendung und Wirkung:
Von dieser Mischung dreimal täglich 15 Tropfen einnehmen. Um das sexuelle Verlangen zu steigern, sollten vor dem Verkehr 25 Tropfen von Frauen und 30 Tropfen von Männern benutzt werden. Das steigert die sexuelle Anziehungskraft. Das sexuelle Durchhaltevermögen des Mannes verlängert sich und bei der Frau bildet sich eine vermehrte Scheidenabsonderung.

Bei Frauen in den Wechseljahren ist dieses Tinkturengemisch recht vorteilhaft. Eine beginnende sexuelle Interesselosigkeit kann auf diese Weise schnell und günstig beseitigt werden.

Alstonia scholaris

Dieser Baum wächst in Südostasien, auf den Philippinen, in Nordborneo, in Sumatra, Timor und Guam. Die Rinde der Alstonia wird schon seit Jahrhunderten in der Volksmedizin Asiens verwendet. Ein Tee, der von der Rinde dieses Baumes gebraut wird, hat sich besonders bei Bauchschmerzen, Eileiterentzündung und schmerzhafter Regel bewährt. Die Samen dieses Baumes sind ein begehrtes Aphrodisiakum. Besonders wirksam ist die Kombination der Rinde mit den Samen.

1. Rezept

Zutaten:
Brennesselsamen 30 g
Cortex Cinnamomi 50 g
Cortex Alstonia scholaris 50 g
Eleutherococcus 20 g
Semen Alstonia scholaris 50 g

Anwendung und Wirkung:
Von dieser Mischung ein TL auf 500 ml Wasser geben. Drei bis vier Minuten kochen, dann eine halbe Stunde lang ziehen lassen. Nach dem Abseihen mit Honig gesüßt trinken. Bei beiden Geschlechtern kommt es zu einer deutlichen Anregung der Libido, das Verlangen nimmt zu, Kraft und Ausdauer steigern sich, vor allem bei Männern.

2. Rezept

Wenn dieser Tee nicht ausreichend ist, kann auch folgende alkoholische Tinktur hergestellt werden:

Zutaten:
Alstonia-scholaris-Rinde 20 g
Alstonia-scholaris-Samen 30 g
Brennesselsamen 50 g
Eleutherococcus 20 g
Ginseng-Wurzel 30 g
Kalmus 30 g

Anwendung und Wirkung:
Diese Mixtur drei Wochen lang in 60%igem Alkohol auslaugen, danach abseihen, die festen Bestandteile in 1 l Wasser auskochen und bis auf 250 ml eindicken. Dann noch einmal filtern und den eingedickten, wässrigen Extrakt der alkoholischen Lösung zusetzen. Außerdem kommen noch drei EL Honig dazu. Von diesem Elixier dreimal einen EL vor den Mahlzeiten einnehmen. Die Mixtur kann so lange angewendet werden, bis die erwünschte Wirkung eintritt. Die Verwendung dieser Lösung hat keine Nebenwirkungen. Sie wirkt positiv auf das sexuelle Verlangen, auf die körperliche Widerstandsfähigkeit, auf das Immunsystem und schließlich auf die Stimmung. Negative, pessimistische Gedanken verschwinden innerhalb von zwei bis drei Wochen, so daß die ursprüngliche Vitalität wieder zum Vorschein kommt. Das zeigt sich in einer gesteigerten Lebenskraft, Lebensfreude und in einer regen sexuellen Energie.

3. Rezept

Wird die Libido durch eine gedrückte Stimmung stark vermindert, empfiehlt es sich, folgende Tinktur einzunehmen:

<u>Zutaten:</u>
Alstonia-scholaris-Samen 30 g
Brennesselsamen 20 g
Catuaba 50 g
Eleutherococcus 20 g
Kava-Kava 50 g
Pfaffia 30 g

<u>Anwendung und Wirkung:</u>
Diese Tinktur sollte auf dieselbe Weise hergestellt werden wie die vorhergehende. Auch bei dieser Mischung lassen sich alkohol- und wasserlösliche Bestandteile kombinieren, um einen größtmöglichen Effekt zu erreichen. Die Dosis beträgt ein bis zwei EL vor den Mahlzeiten. Um die Wirkung zu optimieren, sollte die Anwendungsdauer nicht unter sechs bis acht Monaten liegen. Bei beiden Geschlechtern werden das Selbstvertrauen, die Stimmung, die Vitalität, das Immunsystem und die sexuelle Energie positiv beeinflußt.

4. Rezept

Bei Alkoholüberempfindlichkeit sollte anstelle der Tinktur oder anstelle des Elixiers die Kapselform gewählt werden. Folgende Mischung ist anzuraten:

Zutaten:
Alstonia-scholaris-Samen 10 mg
Catuaba 20 mg
Cinnamomum 20 mg
Ginseng quinquefolius 10 mg
Ginseng sibiricus 10 mg
Calamus 10 mg
Kava-Kava 20 mg
Kieselerde 150 mg
Passiflora 10 mg

Anwendung und Wirkung:
Diese Kapseln dienen in erster Linie zur Stimmungsaufhellung, zur Verbesserung der Widerstandsfähigkeit, die sexuelle Energie wird gesteigert, das geschlechtliche Verlangen nimmt zu, die Durchblutung der Beckenorgane wird verbessert.

5. Rezept

Ist die Libido durch eine chronische Müdigkeit herabgesetzt, sollte folgende Tinktur verwendet werden:

Zutaten:
Solutio ferri aromatici 150 mg
Sirupus simplex 500 mg
Tinctura aus Alstonia scholaris cortex 40 mg
Tinctura aus Alstonia-scholaris-Samen 30 g
Tinctura Calami 20 g
Tinctura Cinnamomi 30 g
Tinctura Eleuthericoccus 30 mg
Tinctura Ginseng quinquefolius 50 g

Anwendung und Wirkung:
Täglich dreimal einen EL vor den Mahlzeiten. Wenn innerhalb von zwei bis drei Wochen noch keine Besserung eingetreten ist, kann die zwei- bis dreifache Menge eingenommen werden. Die optimale Anwendungsdauer beträgt neun Monate bis zu einem Jahr. Durch diese Mischung wird das Immunsystem angeregt, körperliche Zeichen der Müdigkeit vergehen, das Herzminutenvolumen steigt, das Herz arbeitet ökonomischer, die Durchblutung der Extremitäten wird verbessert, die Blutzufuhr zum kleinen Becken gesteigert. Dadurch kommt es neben der allgemeinen Steigerung der Vitalität auch zu einer Steigerung der sexuellen Energie.

6. Rezept

Vermindern Angstzustände und Panikattacken das geschlechtliche Verlangen, ist folgende Teemischung hilfreich:

Zutaten:
Alstonia scholaris cortex 20 g
Alstonia-scholaris-Samen 30 g
Humuli lupuli 20 g
Hyperici Herba 20 g
Kava-Kava 20 g
Passiflorae 30 g
Pericarpium aurantiae 20 g

Anwendung und Wirkung:
Dieser Tee sollte kurz aufgekocht werden, man lasse ihn dann 20 Minuten lang ziehen und trinke ihn mit Honig gesüßt vor den Mahlzeiten. Die Mischung verhindert weitere Angstzustände, die Stimmung bessert sich, die Vitalität nimmt zu, die Durchblutung im kleinen Becken wird gesteigert, wodurch bei beiden Geschlechtern das sexuelle Verlangen deutlich angeregt wird.

7. Rezept

Wenn durch endogene Depressionen der Geschlechtstrieb stark eingeschränkt ist, sollte folgende Kapselform eingenommen werden:

Zutaten:
Alstonia scholaris cortex 10 mg
Alstonia-scholaris-Samen 10 mg
Basilikum 10 mg
Catuaba 20 mg
Cinnamomum 10 mg
Hypericum 10 mg
Kava-Kava 20 mg
Kieselerde 200 mg
Pfaffia 10 mg
Sägepalmenblätterextrakt 10 mg

Anwendung und Wirkung:
Drei Kapseln täglich vor den Mahlzeiten. Besteht bei der endogenen Depression ein morgendlicher Tiefpunkt, sollte zum Frühstück die Dosis auf drei Kapseln gesteigert werden. Auch mittags und abends kann die doppelte oder dreifache Menge eingenommen werden, ohne daß unangenehme Nebenwirkungen auftreten. Die Anwendungsdauer dieses Mittels sollte ein bis zwei Jahre betragen. Diese lange Anwendungszeit ist notwendig, um einen Rückfall in die Depression zu verhindern.

Ein derartiger Rückfall schränkt die sexuelle Aktivität in der Regel extrem stark ein. Es sollte daher die Einnahme dieser Kapseln ohne Unterbrechung erfolgen, um ein positives Behandlungsergebnis nicht zu gefährden.

8. Rezept

Wenn die Stimmung depressiv ist und bei Frauen Schmerzen im Unterleib auftreten, die das sexuelle Verlangen vermindern, sollte folgende Kapselform verwendet werden:

Zutaten:
Avena sativa 20 mg
Alstonia-scholaris-Samen 10 mg
Alstonia scholaris cortex 10 mg
Cinnamomum 10 mg
Ginseng quinquefolius 10 mg
Ginseng sibiricus 10 mg
Basilikum 10 mg
Kieselerde 150 mg

Anwendung und Wirkung:
Dreimal täglich eine Kapsel vor den Mahlzeiten. Es verbessert sich die allgemeine Stimmung, Verkrampfungen und Verspannungen im Bereich des kleinen Beckens lassen nach, die Durchblutung nimmt zu. Auch die Gebärmutterdurchblutung verbessert sich. Die sexuelle Erregbarkeit ist sensibilisiert, die Vitalität gefördert. Das Immunsystem wird stabilisiert, die körperliche Kraft und Ausdauer nehmen zu, Schwäche, Müdigkeit und Unlustgefühle werden beseitigt. Die Kur sollte nicht vor einem Jahr beendet oder unterbrochen werden, denn jede Pause bei der Kapseleinnahme kann den Erfolg gefährden.
Bei Männern führt diese Kapselzusammenstellung zu einer vermehrten Durchblutung des kleinen Beckens, die Schwellkörperdurchblutung nimmt zu, die Neigung zum vorzeitigen Samenerguß verringert sich. Nach der geschlechtlichen Vereinigung ist eine totale Erschöpfung nicht mehr zu bemerken. Dafür empfindet der Mann eine angenehme Entspannung.

Basilikum

Dieses bekannte Gewürz hat eine starke sexualstimulierende Wirkung, wenn es in Verbindung mit anderen Wirkstoffen verwendet wird. Der lateinische Name ist *Ocimum basilicum*. Diese Pflanze gehört zur Familie der pfefferminzartigen Gewächse. In Italien wird dieses Gewürz sehr oft und in großer Menge verwendet, da seine aphrodisierende Wirkung seit Jahrhunderten bekannt ist. Außerdem kann Basilikum die Durchblutung des Penis verbessern und dadurch die Penisgröße im Zustand der Erektion positiv beeinflussen. Basilikum ist auch imstande, den venösen Abfluß in die Beckenorgane zu verringern. So kommt es zu einer besseren arteriellen Durchblutung des Schwellkörpers und zu einer verstärkten Erektionsfähigkeit. Auch bei Frauen regt Basilikum die Durchblutung der Genitalregion an. Basilikum kann in jeder Dosierung verwendet werden, ohne daß unangenehme Begleiterscheinungen auftreten. Auch bei längerer Anwendung sind keine Nebenwirkungen bekannt.

1. Rezept

In folgender Mischung ist Basilikum besonders wirksam:

Zutaten:
Basilikumtinktur 20 g
Catuabatinktur 30 g
Guaranatinktur 20 g
Pfaffiatinktur 30 g

Anwendung und Wirkung:
Die Dosis beträgt bei Frauen dreimal 15 Tropfen. Für Männer liegt die ideale Menge bei dreimal 20 Tropfen vor den Mahlzeiten. Zusätzlich können vor jedem Verkehr 30 Tropfen eine halbe Stunde vor dem Vorspiel eingenommen werden, um einen maximalen Effekt zu erzielen.

2. Rezept

Eine andere Mischung, die Basilikum enthält, ist ebenfalls erfolgversprechend:

Zutaten:
Basilikum 20 g
Damiana 20 g
Ginseng 30 g

Anwendung und Wirkung:
In der Regel reichen von dieser Tinktur dreimal täglich 15 Tropfen vor den Mahlzeiten.

3. Rezept

Um die Sexualität anzuregen, ist folgender Tee geeignet:

Zutaten:
Basilikumkraut 30 g
Brennesselwurzel 30 g
Kalmus 20 g
Römische Kamille 20 g
Schafgarbe 30 g

Anwendung und Wirkung:
Diesen Tee kurz aufkochen und 20 Minuten ziehen lassen. Mit Honig gesüßt dreimal täglich 200 ml trinken. Dieser Tee wirkt besonders dann, wenn eine durch die Wechseljahre bei der Frau verminderte Östrogenproduktion angeregt werden soll. Bei Männern kann dieser Tee die Bildung von körpereigenem Testosteron unterstützen.

4. Rezept

Eine andere Zusammenstellung zeigt besonders bei Männern eine günstige Wirkung:

Zutaten:
Absinth 30 g
Basilikum 20 g
Damiana 20 g
Ginsengwurzel 20 g
Guarana 30 g
Joringelrinde 30 g
Solutio ferri aromatici 300 g

Anwendung und Wirkung:
Von dieser Tinktur nimmt man täglich dreimal einen EL ein. Dadurch steigert sich das sexuelle Verlangen bei der Frau. Beim Mann wird die sexuelle Ausdauer deutlich erhöht. Wenn die Tinktur über längere Zeit eingenommen wird, erhöht sich auf Dauer das sexuelle Interesse, und ein Nachlassen der Potenz kann verhindert werden.

Betelnuß

Diese Nuß stammt von der asiatischen Palme *Areca catechu*. Die Betel ist besonders wirksam, wenn sie mit Betelwein (*Piper-chavica betel*) eingenommen wird. Um die Verträglichkeit zu verbessern, wird Calciumoxyd in hydrierter Form dazugegeben, außerdem ist ein Zusatz von *Acacia-catechu* günstig. Auch eine Prise Muskatnuß, etwas Kardamomextrakt oder Gewürznelken als geschmackskorrigierendes Mittel sind vorteilhaft. Überall in Asien werden Betelnüsse auf Straßenmärkten verkauft. Ein kleines Stück Betelnuß wird lange im Mund behalten, um den Saft dieser Frucht langsam durch den Speichel freizusetzen. Die Betelnuß enthält ein flüchtiges Öl, das als Areculin bezeichnet wird. Durch Areculin ist die stimulierende Wirkung zu erklären. Sie wirkt direkt auf das zentrale Nervensystem. Außerdem werden das sympathische und parasympathische Nervensystem angeregt, was die Durchblutung der Unterleibsorgane fördert. Das Interesse an der Sexualität nimmt zu. Auch auf das Herz-Kreislauf-System hat die Betelnuß eine positive Auswirkung. Die Atmung wird vertieft und das Herz arbeitet durch eine Stimulation der Herzmuskulatur ökonomischer.
Bei Männern wird die Erektion erleichtert, bei Frauen die Sekretion der Genitaldrüsen vermehrt. Die Betelnuß hat auch die Eigenschaft, bei Jugendlichen die Koitusfrequenz zu steigern, weil die Durchblutung der Penisschwellkörper vermehrt stattfindet. Die Betelnuß ist in Europa fast unbekannt, doch in Asien gibt es mindestens 250 Millionen Menschen, die ihre Potenz und sexuelle Leistungsfähigkeit durch das Kauen der Betelnuß steigern. Auch bei nachlassendem sexuellen Bedürfnis in den Wechseljahren der Frau und des Mannes wirkt sich das Kauen von ein wenig Betelnuß recht vorteilhaft aus. Der Genuß hat außerdem einen stimmungsanhebenden Effekt. Depressive Gedanken verschwinden schneller und die Lust an der Liebe steigt. Es wird vermutet, daß durch das Kauen von Betelnuß auch die Testosteronproduktion des Körpers angeregt wird.

Die verträgliche Menge ist 10 bis 20 g Betelnuß am Tag. Bei Überdosierung kommt es zu einer Rötung der Mundschleimhaut, eventuell auch zu einem Absinken des Blutdrucks, zu einem leichten Schwindelgefühl und Durchfall.

Rezept

Die positive Wirkung der Betelnuß kann noch verstärkt werden, wenn zusätzlich folgende Kapseln dieser Zusammenstellung eingenommen werden:

Zutaten:
Basilikum 20 %
Damiana 10 %
Ginseng 30 %
Guarana 20 %
Pfaffia 20 %

Anwendung und Wirkung:
Die Kapseln sollten 250 mg der gemischten Substanz enthalten und dreimal täglich vor den Mahlzeiten eingenommen werden. Die gewünschte Wirkung zeigt sich meist bis zu drei Wochen später.

Buchu-Blätter

Die Blätter der Pflanze *Barosma* gehören zur Pflanzenfamilie der Rautengewächse. Die wirksamsten Formen von Barosma wachsen in Zentralafrika im tropischen Klima. Die Blätter können als Salat oder als Tinktur verwendet werden. Je nach Anwendungsart ist die Wirkung unterschiedlich. Es kommt zu einer gesteigerten Durchblutung der Genitalorgane, aber auch bei Prostatabeschwerden können die Buchublätter angewendet werden. Sie lassen die Prostata abschwellen, die Nieren werden besser durchblutet und die Harnsäurewerte normalisiert. Neben dieser Wirkung auf das Urogenitalsystem hat die Pflanze auch einen zentral stimulierenden Einfluß. Das kann zu einer deutlichen Zunahme der Libido führen. Auch Nierenbeckenentzündungen, Blasenschwäche, Erektionsprobleme, Endometriose oder Entzündungen an den Eileitern können durch Buchublätterextrakte wirkungsvoll behandelt werden. Manche Pygmäenstämme in Zentralafrika verwenden Buchublätter täglich zu den Mahlzeiten, weil durch diese Blätter, die roh als Salat verzehrt werden können, das Immunsystem angeregt wird.

1. Rezept

Am besten wirken Buchublätter in Form einer Tinkturmischung:

<u>Zutaten:</u>
Avena-sativa-Tinktur 60 g
Buchutinktur 50 g
Catuabatinktur 30 g
Extractum Colae fluidum 100 g
Vinum chinae comp. 300 ml

Anwendung und Wirkung:
Dieser Tinkturmix fördert die körperliche und geistige Aktivität. Die Einnahmemenge beträgt dreimal täglich vor den Mahlzeiten zwei bis drei TL. Je nach Schweregrad der verminderten Libido kann die Dosis unbedenklich auf das vier- bis fünffache gesteigert werden, ohne daß unangenehme Nebenerscheinungen zu befürchten sind.

2. Rezept

Die folgende Mischung ist bei Nachlassen der Sexualität im Alter empfehlenswert:

Zutaten:
Avena-sativa 100 g
Buchutinktur 50 g
Guaranatinktur 20 g
Oreganotinktur 30 g
Solutio ferri aromatici 300 ml
Tinctura Semen Urticae 50 g

Anwendung und Wirkung:
Von dieser Tinktur reichen dreimal ein TL vor den Mahlzeiten. Die Anwendung sollte kurmäßig über drei bis vier Monate erfolgen.

Cactus cereus

Diese Pflanze kommt in Nordmexiko oder auch im Südwesten der USA vor. Kommerziell wird sie in Kalifornien und Arizona angebaut. Auch in Jamaika wächst eine Art mit hohem Wirkstoffgehalt. Sie heißt auch *Cereus grandiflorus* und gehört zu den Kaktusgewächsen. Sie enthält eine Substanz, die das Herz und das Nervensystem auf angenehme Weise anregt. Bei Herzschwäche kann eine Herzwassersucht verhindert oder einer solchen vorgebeugt werden. Bei bestehender Herzschwäche normalisiert sich die Schlagfrequenz und das Herzminutenvolumen. Unabhängig von der positiven Herzwirkung kommt es zu einer Stimulierung der Blutversorgung im kleinen Becken bei beiden Geschlechtern. Bei Männern wird die Durchblutung der Schwellkörper, bei Frauen die der Klitorisregion verbessert. Auf diese Weise kann das Sexualempfinden gesteigert und der Orgasmus intensiver erlebt werden. Im Gegensatz zu anderen potenzsteigernden Mitteln gibt es bei dieser Pflanze keine Überdosierungen, da die Verträglichkeit außergewöhnlich gut ist. Die Pflanze kann auch eingesetzt werden, um eine vergrößerte Prostata zu verkleinern, den Wasserabgang zu erleichtern und die Samenproduktion zu vermehren. Bei einer vergrößerten Prostata kommt es innerhalb von einer dreiwöchigen Anwendungszeit zur Vermehrung des Harnflusses. Eine teilweise Harnsperre kann aufgehoben werden.
Auch in Fällen von sexueller Erschöpfung kann *Cactus grandiflorus* neue Energie geben. Es ist sowohl die Tinktur, der Extrakt, aber auch die wasserlösliche Form wirksam. Die Pflanze kann auch roh gegessen werden, dann kommen die Wirkungsfaktoren auf Herz, Kreislauf, Sexualität und Durchblutung voll zur Geltung. Manchmal empfiehlt es sich auch, den Tee zu trinken und gleichzeitig zehn Tropfen der alkoholischen Tinktur einzunehmen. Auf diese Weise können sich die wasserlöslichen und die alkohollöslichen Bestandteile auf ideale Weise ergänzen.

1. Rezept

Bei Unlustgefühlen und Frigidität der Frau hat sich folgende Mischung bewährt:

Zutaten:
Extractum Colae fluidum 30 g
Solutio ferri aromatici 500 ml
Tinctura Avena sativa 30 g
Tinctura Cactus grandiflorus 60 g
Tinctura Catuaba 50 g
Tinctura Guarana 20 g

Anwendung und Wirkung:
Von dieser Tinktur nehme man täglich dreimal zwei TL ein. Die Dosis kann aber auch auf dreimal zwei EL gesteigert werden, um eine optimale Wirkung zu erreichen. Die Anwendungsdauer sollte nicht unter sechs Wochen liegen.

2. Rezept

Bei sexueller Gleichgültigkeit der Frau ist folgende Mischung empfehlenswert:

Zutaten:
Avena sativa 40 g
Cactus grandiflorus 40 g
Extractum Ginseng 40 g
Guarana 30 g
Memecylon ovata 30 g
Sägepalmenextrakt 50 g
Vinum chinae comp. 500 ml

Anwendung und Wirkung:
Es sollte dreimal täglich ein EL täglich eingenommen werden. Nach wenigen Wochen verspürt die Frau mehr Lust und ein Bedürfnis nach körperlicher Befriedigung.

3. Rezept

Wenn das sexuelle Bedürfnis nach einer Geburt erloschen ist, hilft folgendes Heilmittel, um die weibliche Sexualität anzuregen:

Zutaten:
Extractum Kava-Kava 30 g
Extractum Guarana 40 g
Extractum Ginseng 60 g
Extractum Cactus grandiflorus 50 g
Sirupus simplex 500 ml

Anwendung und Wirkung:
Von dieser Mixtur nehme man täglich ein- bis dreimal einen bis drei EL ein. Die beste Wirkung zeigt sich nach einer Anwendungszeit von vier bis sechs Wochen.

4. Rezept

Ist die Sexualität infolge von Partnerschaftsproblemen gestört, ist folgendes Mittel bei der Frau anzuraten:

Zutaten:
Cactus grandiflorus 40 g
Extrakt Colae fluidum 30 g
Ginseng 40 g
Malonggay 30 g
Tinctura Passiflora 30 g
Tinctura Humuli lupuli 60 g
Vinum chinae comp. 500 ml

Anwendung und Wirkung:
Die Dosierung beträgt dreimal zwei EL. Dadurch kann auch eine stark gedämpfte Sexualität aktiviert werden.

5. Rezept

Schwächt Interesselosigkeit die weibliche Sexualität, sollte folgende Mischung verwendet werden:

Zutaten:
Avena sativa 100 g
Cactus grandiflorus 100 g
Extractum Ginseng 30 g
Extractum Hyperici 30 g
Memecylon ovata 40 g
Sägepalmenextrakt 50 g
Vinum chinae comp. 500 ml

Anwendung und Wirkung:
Von dieser Tinktur reichen täglich dreimal ein EL. Das Interesse an der Sexualität ist nach drei bis vier Wochen wieder vorhanden.

6. Rezept

Wenn seelische Störungen die Libido ausschalten und jegliches sexuelle Interesse fehlt, sollte folgende Tinktur eingesetzt werden:

Zutaten:
Cactus grandiflorus 100 g
Kava-Kava 30 g
Laveloztinktur 40 g
Sägepalmenextrakt 40 g
Sirupus simplex 500 ml
Tinctura Avena sativa 100 g

Anwendung und Wirkung:
Je nach Schweregrad der sexuellen Interesselosigkeit sind dreimal täglich ein TL bis dreimal drei EL empfehlenswert. Die Dosis kann also in einem weiten Bereich variiert werden. Wenn über längere Zeit die Menge von dreimal einem EL eingehalten wird, kann eine sexuelle Übererregbarkeit auftreten, die jedoch mit einem erhöhten Lustempfinden in Verbindung steht. Wird das Mittel längere Zeit eingenommen, sind mehrere Orgasmen mit starker Sekretion möglich.

Capsicum

Bei Capsicum handelt es sich um die getrocknete und pulverisierte Frucht des roten Pfeffers, der auch *Capsicum frutescens* heißt. Diese Pfeffergattung wächst in Indien, Zentralafrika, Nordjapan, auf den Ostindischen Inseln und im tropischen Bereich Nord-, Süd- und Mittelamerikas.

Capsicum, das in Mexiko gedeiht, wird als Cayennepfeffer bezeichnet. Dieser hat eine Reihe von positiven, gesundheitsfördernden Eigenschaften. Er wirkt anregend auf das Nervensystem, stärkt die Herzkraft und die Durchblutung in den Extremitäten. Durch Cayennepfeffer wird auch die Abwehrkraft des Immunsystems erhöht. Vielfach findet Capsicum als Gewürz Verwendung. Es führt zu einem angenehmen Brennen im Mund, verursacht jedoch keine Schleimhautreizung.

Durch Capsicum wird die Spermaqualität verbessert und die Ejakulatmenge um 20 bis 30 Prozent vermehrt. Deswegen wird diese Pfefferart auch als Mittel gegen Unfruchtbarkeit eingesetzt. Bei Frauen fördert sie Libido und Orgasmusfähigkeit. Wegen der vorteilhaften Wirkung auf das Urogenitalsystem wurde Capsicum auch als Ersatzmittel für die giftigen Spanischen Fliegen eingesetzt. Wenn die Pflanze als Aphrodisiakum verwendet wird, sollte die Dosis von 100 mg pro Kapsel nicht unterschritten werden. Die Tagesdosis sollte bei Männern 400 mg, bei Frauen 200 bis 300 mg betragen. Besonders wirkungsvoll ist Capsicum in Verbindung mit anderen anregenden Mitteln, wie z. B. Ginseng, Guarana, Catuaba, Ingwer, Gotucola. Wenn die Dosis bei empfindlichen Personen eine Magenreizung hervorrufen sollte, kann es während der Mahlzeit eingenommen werden und behält trotzdem seine Wirkung.

1. Rezept

Bei mangelhaftem sexuellen Interesse ist folgende Mischung besonders empfehlenswert:

Zutaten:
Extractum Capsicum 50 g
Extractum Ginseng 50 g
Sägepalmenblätterextrakt 30 g
Solutio ferri aromatici 100 g
Vinum chinae comp. 500 ml

Anwendung und Wirkung:
Von dieser Mischung nehme man vor den Mahlzeiten einen EL. Diese Mixtur ist kurmäßig einzunehmen, um den optimalen Erfolg zu erzielen. Auch eine Daueranwendung hat keine schädlichen Auswirkungen.

2. Rezept

Für Frauen ist besonders folgende Mischung vorteilhaft:

Zutaten:
Tinctura Capsicum 30 g
Tinctura Rhizuma Cimicifugae 20 g
Extractum Ginseng 40 g
Radix Astragali 30 g
Solutio ferri aromatici 500 ml

Anwendung und Wirkung:
Von dieser Mischung genügen zur Anregung der Libido vor den Mahlzeiten ein bis zwei EL.

3. Rezept

Wird bei Frauen die Libido durch Entzündungen im Bereich der Eileiter verringert, ist folgende Mischung empfehlenswert:

Zutaten:
Capsicum 50 g
Catuaba 40 g
Extractum Astragali 20 g
Extractum Cimicifugae 30 g
Ginseng 30 g
Pericarpium-Citri-reticulatae 20 g
Sirupus simplex 500 ml

Anwendung und Wirkung:
Von dieser entzündungslindernden Mischung sind täglich zu den Mahlzeiten ein bis zwei EL zu konsumieren. Bei Entzündungen im Urogenitalbereich braucht es ungefähr vier bis sechs Wochen, bis die erwartete Heilwirkung eintritt. Die sexualanregende Wirkung ist jedoch innerhalb von drei bis vier Tagen zu spüren.

4. Rezept

Läßt das Liebesinteresse bei Frauen in den Wechseljahren nach, so kann folgende Mischung angewendet werden:

Zutaten:
Capsicum 20 g
Eleutherococcus sibiricus 20 g
Extractum Radix Codonopsis pilosula 30 g
Ginseng 30 g
Haferextrakt 30 g
Radix Angelicae sinensis 30 g
Sirupus simplex 500 ml

Anwendung und Wirkung:
Dreimal täglich ein bis zwei EL. Diese Zusammenstellung verbessert die Durchblutung der Genitalorgane, wodurch die sexuelle Lust deutlich angeregt wird.

5. Rezept

Wenn bei Männern der Geschlechtstrieb im Alter langsam nachläßt und die Erektionen immer seltener werden, ist folgende Mischung empfehlenswert:

Zutaten:
Capsicum 30 g
Catuaba 40 g
Damiana 30 g
Eleutherococcus sibiricus 50 g
Sägepalmenbeerenextrakt 40 g
Vitamintonikum mit Eisen 500 ml

Anwendung und Wirkung:
Täglich zwei EL vor den Mahlzeiten. Bereits nach der ersten Woche kommt es zu einer vermehrten Durchblutung der Genitalorgane, die Blutzufuhr ins kleine Becken wird gesteigert, das sexuelle Verlangen gefördert und der sexuelle Genuß nimmt deutlich zu.

6. Rezept

Empfinden Frauen die sexuelle Vereinigung als unangenehm und treten dabei Schmerzen auf, kann folgende Mischung hilfreich sein:

Zutaten:
Capsicum 30 g
Ginseng 20 g
Catuaba 40 g
Damiana 20 g
Angelica sinensis radix 30 g
Eleutherococcus 30 g
Vinum chinae comp. 500 ml

Anwendung und Wirkung:
Dreimal zwei EL täglich. Um eine vollkommene Beschwerdefreiheit zu erreichen, ist die Mischung mindestens ein halbes Jahr einzunehmen, doch sind schon nach relativ kurzer Zeit die ersten Erfolge bemerkbar.

7. Rezept

Wenn bei Frauen immer wieder Pilzinfektionen an den Genitalorganen auftreten und die Libido dadurch gestört sowie das sexuelle Verlangen vermindert wird, ist folgende Mixtur anzuraten:

Zutaten:
Capsicum 50 g
Catuaba 20 g
Cinnamomum 30 g
Eleutherococcus 40 g
Ginseng 30 g
Vinum chinae comp. 500 ml

Anwendung und Wirkung:
Von dieser Mischung sollten dreimal zwei EL täglich eingenommen werden. Innerhalb von zwei bis drei Wochen Anwendungsdauer kommt es meistens zur Beschwerdefreiheit, und das sexuelle Verlangen wird deutlich gesteigert.

Cupebapfeffer

Verwendet werden die unreifen Beeren des tropischen Strauches *Piper cupeba*. Die Beeren können im frischen Zustand oder als Tinktur genutzt werden, als Elixier sowie als ätherisches Öl, das durch Extraktion gewonnen wird. *Piper cupeba* ist eines der besten Mittel, um die Sexualität anzuregen. Dieser Pfeffer steigert bei beiden Geschlechtern das sexuelle Verlangen. Bei Männern wird die Potenz angeregt, bei Frauen die Orgasmusfähigkeit gefördert. Die getrockneten Beeren können mit einer Pfeffermühle gemahlen und über das Essen gestreut werden. Die gemahlenen Pfefferkörner lassen sich auch gut in Weinbrand ansetzen. Nach drei Wochen Ruhezeit durch ein feinporiges Filterpapier abseihen. Von diesem Anregungsmittel sind täglich dreimal ein TL vor den Mahlzeiten einzunehmen. Cupeba regt auf angenehme Weise die Durchblutung der Schleimhäute des Körpers an. Es kommt zu einem vermehrten Blutzustrom zu den Schwellkörpern bei beiden Geschlechtern. Bei Männern werden Prostataschwellkörper und *Glans penis* besser durchblutet, wodurch die Erektionsfähigkeit zunimmt. Bei Frauen werden die großen und kleinen Schamlippen verstärkt mit Blut versorgt. Auf diese Weise erhöht sich die Sekretion der Bartholinischen Drüsen. Der Cupebaextrakt hat den Vorteil, sehr wohlschmeckend zu sein. So läßt sich die Tinktur oder das Elixier leicht einnehmen.

In verschiedenen Gegenden Südostasiens wird die Pflanze Cupeba hauptsächlich wegen ihrer potenzsteigernden Eigenschaften verwendet. Besonders wirksam ist die Pflanze, die in Nordborneo (Sabah) gedeiht. Andere gute Anbaugebiete für dieses Gewächs sind Balawhan, Mindanao und auch die Gegend zwischen Sebaste Antique und Iloh-Iloh. In China werden die Blätter dieser Pflanze als Tee verwendet, um Schwäche, Müdigkeit, Energieverlust und nachlassende Konzentrationsfähigkeit zu beseitigen. Das Wirkprinzip dieser Pfefferart liegt wahrscheinlich in ihrem hohen Mineralstoffanteil begründet. Die hier wirksamen Mineralstoffe sind Selen,

Zink, Molybdän, Kupfer, Eisen und Germanium. Diese Spurenelemente sind auch für die Spermienbildung notwendig. Bei Frauen fördert dieses Mittel die Eireifung. Auch die spontane Abortushäufigkeit bei Schwangeren kann mit Hilfe dieses Pfeffers herabgesetzt werden, denn die Einnistung des befruchteten Eis wird durch diese Pflanze gefördert. Bei einem unregelmäßigen Zyklus ist die Cupeba zur Regulierung der Periode empfehlenswert.

1. Rezept

Bei einem Libidoverlust sollten Frauen folgende Rezeptur verwenden:

<u>Zutaten:</u>
Avena sativa 10 mg
Catuaba 10 mg
Cupebapfeffer 10 mg
Ginseng quinquefolius 10 mg
Ginseng sibiricus 10 mg
Kalmus 10 mg
Kieselerde 150 mg
Mahagoni 10 mg
Memecylon 10 mg
Pfaffia 10 mg
Sägepalmenbeerenextrakt 10 mg

<u>Anwendung und Wirkung:</u>
Dieses Mittel sollte dreimal täglich angewendet werden. Die ideale Dosierung beträgt dreimal eine Kapsel vor den Mahlzeiten. Sollte nach zwei bis drei Wochen noch keine Besserung eintreten, kann die Dosis ohne weiteres verdoppelt werden. In besonders schwierigen Fällen ist auch die dreifache Dosis zu empfehlen, ohne daß schädliche oder unangenehme Nebenwirkungen auftreten.

2. Rezept

Wenn bei Frauen Schmerzen im kleinen Becken und in der Eileitergegend den Verkehr verhindern, sollte folgende Mischung eingenommen werden:

Zutaten:
Brennesselwurzelextrakt 20 mg
Catuaba 10 mg
Cupebapfeffer 10 mg
Damiana 10 mg
Extractum Avena sativa 10 mg
Ginseng quinquefolius 10 mg
Gossypium herbacium 10 mg
Kieselerde 150 mg
Malonggay 10 mg
Memecylon 10 mg
Pfaffia 10 mg
Sägepalmenbeerenextrakt 10 mg

Anwendung und Wirkung:
Die Dosierung von täglich dreimal eine Kapsel vor den Mahlzeiten ist ausreichend. Innerhalb von zwei bis drei Wochen ist mit den ersten Ergebnissen zu rechnen. Es kommt zu einer verbesserten Durchblutung des kleinen Beckens, dadurch werden Schmerzen, die von den Eierstöcken ausgehen, schnell beseitigt. Die Schmerzlinderung ist meistens als eine spasmolytische, entkrampfende Wirkung dieser Mischung zu verstehen. Gleichzeitig kommt den ätherischen Ölen, die in dieser Mixtur vorhanden sind, ein antibakterieller Effekt zu. Diese Arznei wirkt gegen Viren und Pilze und steigert die Abwehrkraft des Immunsystems. Wenn die Mischung länger als drei bis vier Wochen eingenommen wird, verbessert sich auch das zelluläre Immunprofil. Dadurch bekommt der Körper mehr Kraft, gefährliche Entzündungsherde aus der Blutbahn zu entfernen.

3. Rezept

Läßt bei Männern infolge von Depressionen, Minderwertigkeitsgefühlen und körperlicher Schwäche die Sexualität nach, empfiehlt es sich, folgende Kapselform einzunehmen:

<u>Zutaten:</u>
Avena sativa 20 mg
Cupebapfeffer 20 mg
Damiana 10 mg
Flores Crataegi 10 mg
Calamus 10 mg
Kava-Kava-Extrakt 10 mg
Kieselerde 150 mg
Melitracin 10 mg
Passifloraextrakt 10 mg

<u>Anwendung und Wirkung:</u>
Von diesen Kapseln sollten täglich drei vor den Mahlzeiten eingenommen werden. Bei stärkeren Beschwerden ist die Anwendungsdauer zu verlängern oder die Dosis auf das zwei- bis dreifache zu erhöhen. Bei dieser Behandlung wird bei Männern das Selbstvertrauen gestärkt, die allgemeine Stimmung aufgehellt und die Vitalität gesteigert. Außerdem ist eine bessere Durchblutung der Schwellkörper garantiert und die Koitushäufigkeit nimmt zu.
Des weiteren ist zu beobachten, daß sich die Häufigkeit des Geschlechtsverkehrs entsprechend der Altersgruppe um 20 bis 30 Prozent deutlich verbessert. Der gute Effekt dieser Zusammenstellung ist bereits nach drei- bis vierwöchiger Anwendungsdauer festzustellen.

4. Rezept

Wird die Sexualität durch Nierenerkrankungen vermindert, sind folgende Kapseln anzuraten:

Zutaten:
Brennesselsamenextrakt 10 mg
Cupebapfeffer 20 mg
Damiana 10 mg
DHEA 10 mg
Equisetum 10 mg
Ginseng quinquefolius 10 mg
Ginseng sibiricus 10 mg
Gugul 10 mg
Calamus 10 mg

Anwendung und Wirkung:
Diese Zusammenstellung ist in dünndarmlöslichen Kapseln einzunehmen, um die Wirksamkeit zu optimieren. Die Anwendungsdauer sollte nicht unter drei bis vier Wochen liegen. Die Mixtur ruft eine verbesserte Nierendurchblutung hervor. Auch das gesamte Urogenitalsystem mit den Schwellkörpern wird intensiver durchblutet. Das fördert die Orgasmusfähigkeit und die sexuelle Befriedigung. Bei Einnahme dieser Kapseln tritt nach dem Geschlechtsverkehr keine Erschöpfung auf. Die Befriedigung ist angenehm und mit langanhaltender Wirkung.

5. Rezept

Weist das männliche Ejakulat Abnormitäten auf, ist die Ejakulationsmenge zu gering und hat die sexuelle Leistungsfähigkeit nachgelassen, wird folgende Tinktur wirksam:

Zutaten:
Avena sativa 30 g
Cupebapfeffer-Tinktur 30 g
Damiana 20 g
Sägepalmenbeerenextrakt 30 g
Tinctura Catuaba 30 g
Tinctura Eleutherococcus 20 g
Tinctura Calami 20 g
Tinctura Carthamus 20 g
Vinum chinae comp. 500 ml

Anwendung und Wirkung:
Von diesem Medizinalwein reicht die Dosis von dreimal einem EL täglich. In schweren Fällen kann die Menge verdoppelt werden, ohne daß Nebenwirkungen auftreten. Die Anwendung sollte kurmäßig erfolgen. Nach etwa drei Wochen stellen sich meistens ein gesteigertes sexuelles Verlangen und eine bessere Orgasmusfähigkeit ein. Die Spermienzahl nimmt zu. Ein normales Spermiogramm darf nicht mehr als 20 Prozent auffällige Formen aufweisen. Im Spermiogramm dürfen keine weißen Blutzellen vorhanden sein. Dies würde auf eine Entzündung der Hoden oder Samenbläschen hinweisen. Auch Blasenentzündungen können beim Spermiogramm abnorme Werte verursachen.

6. Rezept

Wenn die Spermienzahl zu gering ist, sollte folgende Kapselform eingenommen werden:

Zutaten:
Avena sativa 150 mg
DHEA 10 mg
Extractum Catuaba 20 mg
Extractum Cupebapfeffer 20 mg
Extractum Ginseng quinquefolius 10 mg
Extractum Calami 10 mg
Malonggay 10 mg
Memecylon ovata 10 mg
Sägepalmenbeerenextrakt 10 mg

Anwendung und Wirkung:
Diese Kapseln fördern die Spermienqualität und erhöhen die Anzahl normal gebildeter Spermien. Auch die Ejakulationsmenge vermehrt sich. Die Anzahl der abnormen Spermien nimmt ab, das Ejakulatsvolumen zu, und die Menge an Prostatasekret vergrößert sich. Eine Anwendungsdauer von mindestens einem halben Jahr ist anzuraten. Nach dieser Zeit kann die Arzneimenge auf zweimal eine Kapsel reduziert werden. Um einen Rückfall zu vermeiden, sollten diese Kapseln zwei bis drei Jahre lang regelmäßig eingenommen werden.

7. Rezept

Finden sich beim Ejakulat Blutbeimengungen und ist die Leukozytenzahl im Spermiogramm erhöht, ist folgende Mixtur zu empfehlen:

<u>Zutaten:</u>
Aloe-vera-Trockenextrakt 20 mg
Avena sativa 10 mg
Catuaba 20 mg
Cupebapeffer 20 mg
Extractum Calami 10 mg
Extractum Semen Urticae 10 mg
Ginseng quinquefolius 10 mg
Lavelozextrakt 10 mg
Mahagoni-Nußkernextrakt 150 mg
Pfaffia 10 mg
Sägepalmenbeerenextrakt 10 mg

<u>Anwendung und Wirkung:</u>
Die Kapseln sind nüchtern eine halbe Stunde vor dem Essen zu konsumieren. Die empfohlene Tagesmenge liegt bei dreimal einer bis dreimal drei Kapseln. Je nach Art der Beschwerden läßt sich die Dosis variieren. Nach drei- bis viermonatiger Anwendungszeit kann die Dosis auf zweimal eine Kapsel reduziert werden. Erst nach einem Jahr reicht dann eine Kapsel täglich. Durch diese Zusammenstellung lassen sich Entzündungen im Bereich der Samenbläschen, der ableitenden Harnwege und der Prostata günstig beeinflussen. Zur entzündungshemmenden Wirkung kommt auch noch ein luststeigernder Effekt. Das wird durch eine verbesserte Durchblutung der Genitalorgane erreicht. Auch die Schwellkörperdurchblutung nimmt zu, so daß die Erektionsfähigkeit gesteigert wird. Nach relativ kurzer Zeit kann es zu einem neuerlichen Geschlechtsverkehr kommen. Es ist wieder möglich, in kurzen Abständen mehrere Orgasmen intensiv zu erleben.

8. Rezept

Wenn bei Männern die Prostata entzündet ist und gleichzeitig das sexuelle Interesse nachläßt, können folgende Kapseln verwendet werden:

Zutaten:
Avena sativa 10 mg
Catuaba 10 mg
Cupebapfeffer 30 mg
Lavelozextrakt 10 mg
Pfaffia 10 mg
Semen Urticae 20 mg
Extractum Uncaria tomentosa 10 mg
Vitamin E 50 mg
Yucca-Extrakt 200 mg
Zinkorotat 20 mg

Anwendung und Wirkung:
Von diesen Kapseln sollten drei Stück über den Tag verteilt eingenommen werden. Es kommt meistens innerhalb der ersten drei bis vier Anwendungstage zu einer deutlichen Abschwellung der vorher vergrößerten Prostata. Das sexuelle Verlangen nimmt zu, die Freude am Verkehr wird gesteigert und das sexuelle Durchhaltevermögen gefördert. Insgesamt wird durch diese Kapseln die Liebe zum Verkehr gesteigert und eine größere, stärkere, intensivere Befriedigung erreicht.

9. Rezept

Leiden Frauen an Verkrampfungen der Vaginalmuskulatur und nimmt deshalb die Freude am Verkehr ab, ist folgende Kapselform hilfreich:

Zutaten:
Avena sativa 20 mg
Catuaba 10 mg
Cayennepfeffer 10 mg
Cupebapfeffer 10 mg
Extractum Belladonnae 1 mg
Extractum Hyosciami 1 mg
Extractum Semen-Urticae 10 mg
Kieselerde 150 mg
Pfaffia 10 mg
Sägepalmenbeerenextrakt 10 mg
Yucca 10 mg
Zinkorotat 20 mg

Anwendung und Wirkung:
Diese Kapseln wirken am besten, wenn sie eine halbe Stunde vor den Mahlzeiten eingenommen werden. Eine kurmäßige Anwendung ist anzuraten. Nach einem halben Jahr kann die Dosis auf zweimal eine Kapsel herabgesetzt werden. Nach einem Jahr genügt eine Kapsel täglich, um die Libido ausreichend anzuregen.

Damiana

Die Blätter dieses kleinen Strauches werden als wirksames Aphrodisiakum verwendet. Mit dem botanischen Namen heißt die Pflanze *Durnera diffusa*. Eine andere botanische Bezeichnung ist *Durnera aphrodisiaka*. Dieser Strauch wächst in tropischen und subtropischen Gegenden Afrikas, in Mexiko, Arizona, New-Mexiko und im südlichen Texas. Auch in Florida ist das Klima geeignet, damit sich Damiana gut entwickeln kann und eine ausreichende Wirkstoffkonzentration in den Blättern erreicht.

Von den getrockneten Blättern gibt man zwei bis drei TL in 500 ml Wasser. Die Pflanze sollte nicht ausgekocht werden, sondern man läßt den Tee nach kurzem Aufkochen zugedeckt 20 Minuten lang ziehen. Dadurch können durch das Wasser alle wirksamen Inhaltsstoffe extrahiert werden. Wenn Damianablätter geraucht werden, kommt es zu einem mild entspannenden Effekt, wobei erotische Träume auftreten können, die die sexuelle Bereitschaft fördern.

Wenn Frauen vor dem Sexualverkehr ein bis zwei Tassen Damianatee trinken, fühlen sie sich entspannt, frei von Angst und von Hemmungen. Dadurch steigt die Hingabefähigkeit, und sogar Frauen, die sonst nie einen Orgasmus erleben, können durch Damianatee innerhalb von 20 bis 30 Minuten zu einem Höhepunkt kommen. Unter dem Einfluß von Damianatee kommt es relativ spät zu einem Höhepunkt, wenn er jedoch erreicht wird, dauert er lange an und wird dann sehr intensiv erlebt. Auffallend ist dabei, daß die Sekretion der Cowper'schen Drüsen um 20 bis 30 Prozent zunimmt. Außerdem wird durch Damianatee die Reizbarkeit der Klitoris auf angenehme Weise erhöht.

Wenn bei Frauen Hemmungen vor einem Sexualakt bestehen, können diese durch Damianatee völlig beseitigt werden, denn die bessere Durchblutung der Sexualorgane fördert die Hingabefähigkeit, die Lust wird gesteigert und der Orgasmus wird als intensiv, angenehm und langanhaltend beschrieben. Werden 350 bis

450 ml Damianatee getrunken, sind auch mehrere Orgasmen nacheinander möglich. Als Langzeitmittel angewendet, hat der Tee einen angenehmen, das Wohlbefinden fördernden Effekt auf die Organe des kleinen Beckens.
Auch die Durchblutung der Eierstöcke wird intensiviert und die Eireifung beschleunigt. Bei regelmäßiger Anwendung steigert Damiana die Fruchtbarkeit, das sexuelle Erlebnis und die Orgasmushäufigkeit. Das Verlangen nach sexueller Vereinigung nimmt besonders bei Frauen zu. Bei Männern wirkt Damiana potenzsteigernd, denn die Schwellkörperdurchblutung kann sich um 30 Prozent vermehren. Das wurde durch plethysmographische* Untersuchungen festgestellt. Allerdings müssen bei Männern mit Potenzproblemen andere Aphrodisiaka kombiniert werden, um einen optimalen Effekt zu ereichen.

* Ein Pletysmograph ist ein Apparat zur Messung von Umfangsveränderungen an Extremitäten und Organen.

1. Rezept

Folgende Mischung hat sich bewährt:

Zutaten:
Brennesselsamenextrakt 10 mg
Catuaba 10 mg
Cayennepfeffer 30 mg
Centella asiatica minor 10 mg
Cupebapfeffer 10 mg
Damiana 20 mg
DHEA 10 mg
Gossypium herbacium 20 mg
Kieselerde 150 mg

Anwendung und Wirkung:
Diese Kapseln sind besonders für den Mann sexuell vorteilhaft. Beim Nachlassen der körperlichen und geistigen Leistungsfähigkeit ist dieses Mittel gut für die Aktivierung körperlicher und geistiger Kraftreserven. Damit wird automatisch das sexuelle Potential erhöht und der Geschlechtsverkehrs erfolgt mit mehr Begeisterung. Der Höhepunkt dauert länger an und anschließend tritt keine Erschöpfung ein, sondern eine langanhaltende Befriedigung. Bei Männern zwischen 50 und 60 Jahren ist öfters ein starkes Nachlassen des sexuellen Interesses festzustellen. Hier können die Kapseln Wunder wirken.

2. Teerezept

Um die körperlichen, geistigen und sexuellen Faktoren der Vitalität anzuregen, hat sich folgender Tee bewährt:

Zutaten:
Damiana 50 g
Ginseng 20 g
Guarana 20 g
Meisterwurz 30 g

Anwendung und Wirkung:
Von dieser Teemischung eine Msp auf eine große Tasse Wasser (250 ml) geben. Die Teemischung sollte aufgekocht werden und auf kleiner Flamme 20 Minuten lang ziehen, dann durch einen Papierfilter abseihen und mit Honig gesüßt dreimal täglich trinken. Dieser Tee ist imstande, nachlassende Vitalität und absinkende Potenz auf schonende Weise zu aktivieren. Eine kurmäßige Anwendung ist ratsam, um den maximalen Erfolg zu erreichen.

3. Teerezept

Läßt bei über 70jährigen Männern infolge von Herzschwäche und Kreislaufproblemen die Potenz nach, ist folgender Tee empfehlenswert:

Zutaten:
Catuaba 30 g
Crataegus 30 g
Damiana 20 g
Ginsengpulver 30 g
Calamus 30 g
Ingwerpulver 20 g
Cupebapfeffer 20 g
Pfaffia 20 g

Anwendung und Wirkung:
Dieser Tee sollte in einem Porzellangefäß oder in einem Keramiktopf 10 Minuten kochen. Dann auf kleiner Flamme ziehen lassen. Nach 20 Minuten abseihen und pro Tag dreimal 250 ml trinken. Schon nach der ersten Anwendungswoche kommt es zu einer gesteigerten Aktivität, die Herzkraft nimmt zu, die Lebensfreude ist wiedererlangt und das sexuelle Verlangen wird angeregt. Ein optimaler Effekt ist zu erreichen, wenn der Tee ein halbes Jahr lang regelmäßig getrunken wird.

4. Teerezept

Nimmt bei Diabetes das sexuelle Verlangen durch Nervenentzündungen, Durchblutungsstörungen und Kreislaufschwäche ab, ist folgende Teemischung erfolgversprechend:

Zutaten:
Caigua 30 g
Damiana 40 g
Guarana 30 g
Kalmus 50 g
Löwenzahnwurzel 50 g
Mate 50 g
Pasuchaca 20 g
Weißdorn 20 g

Anwendung und Wirkung:
Eine Msp auf 250 ml Wasser geben. Den Tee 10 Minuten kochen, dann bei kleiner Flamme 30 Minuten lang ziehen lassen. Die Teemischung abseihen und mit Honig gesüßt dreimal täglich konsumieren. Die empfohlene Tagesmenge liegt bei zweimal bis viermal 250 ml. Dieser Tee schmeckt gut, steigert die Abwehrkraft, fördert die Sexualität, regt den Kreislauf an und beseitigt Schwäche, Müdigkeit und sexuelle Gleichgültigkeit. Durch diesen Tee werden die krankhaften Stoffwechselvorgänge bei Diabetes zum Großteil korrigiert. Das sexuelle Verlangen nimmt nach längerer Anwendungszeit beträchtlich zu.

5. Teerezept

Bei chronischer Müdigkeit und nachlassender Libido sollte folgende Mischung als Tee getrunken werden:

Zutaten:
Brennesselwurzel 40 g
Catuaba 20 g
Damiana 30 g
Frauenmantel 20 g
Ginseng 50 g
Ingwer 40 g
Kalmus 30 g
Schafgarbe 40 g

Anwendung und Wirkung:
Die Teemenge von einem TL auf eine Tasse kurz aufkochen und 20 Minuten lang ziehen lassen. Dann abseihen und mit Honig gesüßt trinken. Pro Tag sind vier bis fünf Tassen zu empfehlen. Bereits nach der ersten Anwendungswoche macht sich eine bessere Vitalität bemerkbar. Das wirkt sich auf die körperliche Ausdauer und die sexuelle Leistungsfähigkeit aus.

6. Teerezept

Wenn Orgasmusschwierigkeiten vorhanden sind, sollte folgende Teemischung verwendet werden:

Zutaten:
Damiana 30 g
Gossypium herbacium 20 g
Sägepalmenbeeren 30 g
Brennesselwurzel 20 g
Ginseng sibiricus 30 g
Yohimbenrinde 50 g

Anwendung und Wirkung:
Dieser Tee sollte fünf Minuten lang in einem Steingut- oder Porzellantopf gekocht werden. Nach 20minütigem Ziehenlassen abseihen. Mit Waldhonig gesüßt wird der Tee eine halbe Stunde vor den Mahlzeiten getrunken. Bereits in der ersten Woche wird der Verwender deutlich vitaler, das Allgemeinbefinden wird gebessert, das sexuelle Verlangen nimmt zu. Nach weiteren drei bis vier Wochen Anwendungszeit sind die sexuellen Empfindungen und die Orgasmusfähigkeit soweit sensibilisiert, daß ein sexuelles Erlebnis wieder intensiv wahrgenommen werden kann.

7. Teerezept

Ist das sexuelle Empfinden durch Beschwerden an der Prostata beeinträchtigt, hilft folgender Kräutertee:

<u>Zutaten:</u>
Birkenblätter 30 g
Brennesselwurzel 30 g
Damiana 20 g
Kalmuswurzel 30 g
Meisterwurz 20 g
Sägepalmenfrüchte 40 g
Weidenröschenkraut 30 g

<u>Anwendung und Wirkung:</u>
Von dieser Mischung ein bis zwei TL auf eine Tasse geben. Kurz aufkochen und auf kleiner Flamme 20 Minuten lang ziehen lassen. Durch einen Papierfilter abseihen. Pro Tasse Tee einen TL Honig zur Geschmacksverbesserung hinzufügen. Vor den Mahlzeiten sollte dieser Tee täglich getrunken werden.
Innerhalb von drei bis vier Wochen Anwendungszeit verkleinert sich die Prostata. Die Durchblutung der Beckenorgane und das Allgemeinbefinden wird besser, die Freude an der Sexualität nimmt zu. Der Tee sollte über ein halbes bis zu einem Jahr angewendet werden, um einen bestmöglichen Erfolg zu erreichen.

8. Teerezept

Wenn Beschwerden beim Wasserlassen die Libido verringern, ist folgende Teezusammenstellung anzuraten:

Zutaten:
Brennesselwurzel 40 g
Damiana 20 g
Engelwurz 20 g
Kalmus 30 g
Löwenzahnwurzel 30 g
Sägepalmenfrüchte 40 g
Yohimbenrinde 30 g

Anwendung und Wirkung:
Die Menge beträgt einen TL pro Tasse. Kurz aufkochen, 30 Minuten lang ziehen lassen, dann warm mit Honig gesüßt vor den Mahlzeiten trinken. Diese Mischung beseitigt Entzündungen in den Harnwegen, die täglich ausgeschiedene Urinmenge steigt, Entzündungen im Blasen- und Prostatabereich nehmen ab. Mit der Verbesserung des Allgemeinbefindens wird auch das sexuelle Verlangen angeregt und die Sekretion der Prostata vermehrt.

9. Teerezept

Wenn das sexuelle Verlangen nachläßt, sollte folgende Teemischung getrunken werden:

Zutaten:
Brennesselwurzel 50 g
Catuabarinde 30 g
Cupebapfeffer 20 g
Damiana 30 g
Ginseng sibiricus 30 g
Gossypium herbacium 20 g
Kalmuswurzel 20 g
Löwenzahnwurzel 40 g
Sägepalmenfrüchte 30 g

Anwendung und Wirkung:
Man rechnet einen TL dieser Substanz auf 500 ml Wasser. Zehn Minuten lang kochen und dann eine halbe Stunde lang ziehen lassen. Dieser Tee wird wohlschmeckender, wenn er nicht in einem Metallgefäß zubereitet wird. Ein Steinguttopf oder ein Porzellanteekessel ist besser geeignet. Der Tee soll mit Waldhonig gesüßt werden. Eine Tasse vor den Mahlzeiten trinken. Nach drei bis vier Wochen Anwendungszeit ist das Allgemeinbefinden wesentlich verbessert. Nach weiteren zwei bis drei Wochen nimmt die Samenqualität zu. Die Anzahl der beweglichen Spermatozoen steigt beträchtlich. Auch die Ejakulatmenge wird vermehrt. Das Verlangen nach geschlechtlichem Verkehr steigt, die Orgasmushäufigkeit nimmt beträchtlich zu. Der Tee sollte mindestens ein halbes bis ein Jahr lang getrunken werden. Bei regelmäßiger Einnahme verhindert er ein Nachlassen der sexuellen Empfindungen. Mit diesem Tee kann die Fruchtbarkeit lange aufrecht erhalten bleiben. Bei Frauen wird durch diese Mischung die Eireifung beschleunigt und die Einnistung der befruchteten Eizelle in der Gebärmutterschleimhaut erleichtert.

10. Teerezept

Wird infolge von chronischer Müdigkeit, Mineralstoff- und Vitaminmangel das sexuelle Verlangen beeinträchtigt, ist folgende Teemischung zu empfehlen:

Zutaten:
Brombeerblätter 20 g
Catuaba 30 g
Damiana 30 g
Hagebutten 50 g
Heidelbeerblätter 20 g
Himbeerblätter 40 g
Isländisch Moos 10 g
Sägepalmenbeeren 30 g

Anwendung und Wirkung:
Einen TL auf eine Tasse Wasser, kurz aufkochen und die Mischung 30 Minuten lang ziehen lassen. Dann seihe man den Tee ab und trinke ihn mit Waldhonig gesüßt kurz vor den Mahlzeiten. Erst nach längerer Anwendungsdauer macht sich der positive Einfluß dieser Teezubereitung bemerkbar. Die allgemeine Leistungsfähigkeit wird angeregt, chronische Müdigkeit vergeht und das Interesse am Beischlaf nimmt deutlich zu. Auch die Durchblutung im kleinen Becken wird sowohl bei Männern als auch bei Frauen verbessert, was eine höhere Empfindsamkeit und somit stärkere Lustgefühle zur Folge hat. Empfehlenswert ist eine Anwendungsdauer von einem halben bis einem Jahr. Sollten die Beschwerden nur langsam vergehen, kann dieser Tee auch auf Dauer angewendet werden.

11. Teerezept

Wenn infolge von hohem Blutdruck das Interesse an der Sexualität nachgelassen hat, sollte folgende Mischung als Tee angewendet werden:

Zutaten:
Damiana 20 g
Mistel 20 g
Olivenblätter 30 g
Papayakerne 30 g
Weißdornblätter mit Blüten 30 g
Zimtrinde 10 g
Zinnkraut 30 g

Anwendung und Wirkung:
Einen 1 TL auf 250 ml Wasser einige Minuten kochen, 20 Minuten lang ziehen lassen und durch einen Papierfilter abseihen.
Vor den Mahlzeiten trinke man ein bis zwei Tassen von diesem Tee. Bei längerer Anwendungsdauer kann der krankhaft erhöhte Blutdruck gesenkt, die Vitalität gesteigert, das Allgemeinbefinden verbessert und die Sexualität sowohl bei Männern als auch bei Frauen deutlich angeregt werden.

12. Teerezept

Geht das Interesse am Geschlechtsverkehr auf Grund zu hoher Blutfettwerte zurück, ist zu folgender Mischung zu raten:

Zutaten:
Apfelschalen 20 g
Bohnenkraut 30 g
Damiana 30 g
Kalmuswurzel 20 g
Löwenzahnwurzel 30 g
Wermutkraut 30 g

Anwendung und Wirkung:
Einen TL auf 250 ml Wasser kurz aufkochen und 20 Minuten lang ziehen lassen. Danach wird durch einen Keramikfilter abgeseiht. Zwei bis drei Tassen vor den Mahlzeiten einnehmen. Wenn die Blutfette deutlich erhöht sind, sollte von diesem Tee mindestens ein Liter täglich getrunken werden, um einen optimalen Effekt zu erreichen. Gleichzeitig sollte eine Diätform eingehalten werden, die frei von tierischen Fetten und tierischem Eiweiß ist. Dadurch können die erhöhten Blutfettwerte rasch und auf Dauer gesenkt werden. Nach einer Anwendungsdauer von drei bis vier Wochen haben die Triglyceridwerte abgenommen. Ein wenig später tritt dieser Erfolg auch bei den Cholesterinwerten ein. Nach zwei bis drei Monaten haben sich fast alle Blutfettwerte normalisiert, ohne daß synthetische Cholesterinhemmer eingenommen werden mußten. Nach diesem Zeitraum bessert sich das Allgemeinbefinden, das Verlangen nach Sexualität nimmt bei Frauen und Männern deutlich zu. Durch die Entfernung überflüssiger Fettkörper aus dem Blut wird die Durchblutung im kleinen Becken deutlich verbessert und das sexuelle Empfinden sensibilisiert.

13. Teerezept

Leidet die Libido durch Eileiter- und Gebärmutterentzündungen, sollte folgende Teemischung getrunken werden:

Zutaten:
Damiana 30 g
Fenchelfrüchte 30 g
Kalmus 20 g
Meisterwurz 30 g
Römische Kamille 10 g
Schafgarbenkraut mit Blüten 30 g
Taubnesselblüten 20 g
Zinnkraut 30 g

Anwendung und Wirkung:
Einen TL auf 250 ml Wasser. Die Mischung kurz aufkochen, dann 20 Minuten ziehen lassen, abseihen und warm vor den Mahlzeiten konsumieren. Schon in den ersten zwei bis drei Wochen bessert sich das Allgemeinbefinden. Die Entzündungen im Beckenbereich nehmen ab, eventuell verschlossene Eileiter werden wieder durchgängig. Die Gebärmutterschleimhaut wird wieder normal aufgebaut, die Schmerzen im Bereich des Urogenitalsystems lassen nach und das sexuelle Empfinden steigt an. Um einen Rückfall zu vermeiden, sollte der Tee mindestens zwei bis drei Monate lang eingenommen werden.

14. Teerezept

Wenn auf Grund von Periodenschmerzen das sexuelle Empfinden nachgelassen hat, ist zu folgender Teemischung zu raten:

Zutaten:
Damiana 30 g
Gänsefingerkraut 20 g
Melissenblätter 30 g
Pestwurz 30 g

Anwendung und Wirkung:
Von dieser Teemischung einen TL für 250 ml Wasser. Zwei bis drei Minuten aufkochen, dann eine halbe Stunde lang ziehen lassen. Nach dem Abfiltern kann der Tee warm und mit Honig gesüßt getrunken werden. Nach einer Anwendungszeit von zwei bis drei Wochen werden Entzündungen im kleinen Becken beseitigt, das Allgemeinbefinden bessert sich und das Verlangen nach sexuellen Erlebnissen nimmt deutlich zu. Es muß aber mit einer längeren Anwendungsdauer gerechnet werden. Auch wenn die Beschwerden nachgelassen haben, sollte der Tee mindestens zwei bis drei Monate lang weiter eingenommen werden.

15. Teerezept

Bei Wechseljahrbeschwerden der Frau mit verminderter sexueller Empfindsamkeit ist folgender Tee empfehlenswert:

Zutaten:
Agni Casti Fructus 20 g
Basilikum 30 g
Damiana 30 g
Passionsblumenkraut 20 g
Rosmarinblätter 20 g
Weißdornblätter mit Blüten 30 g
Yohimbenrinde 30 g

Anwendung und Wirkung:
Die Mischung kurz aufkochen, 30 Minuten lang ziehen lassen, abseihen und vor jeder Mahlzeit trinken. Durch diesen Tee können die meisten Beschwerden der Wechseljahre innerhalb von zwei bis drei Wochen beseitigt werden. Blutdruckschwankungen hören auf, die Durchblutung der Beckenorgane wird verbessert, Hitzewallungen lassen nach, die Sekretion der Cowper'schen und Bartholinischen Drüsen nimmt zu, das Allgemeinbefinden bessert sich. Nach zwei bis drei Monaten regelmäßiger Einnahme normalisiert sich das sexuelle Empfinden. Solange noch irgendwelche Wechseljahrbeschwerden bestehen, sollte der Tee auf alle Fälle getrunken werden. Auch nach jahrelanger Anwendungszeit treten keine Nebenwirkungen auf.

16. Teerezept

Ist durch Herzbeschwerden das allgemeine Befinden herabgesetzt, die körperliche Leistungsfähigkeit und Ausdauer vermindert und das sexuelle Verlangen wegen dieser körperlichen Beschwerden auf ein Minimum reduziert, sollte folgende Teemischung getrunken werden:

<u>Zutaten:</u>
Cactus grandiflorus 30 g
Catuaba 20 g
Damiana 30 g
Ginseng quinquefolius 30 g
Grüner Tee 30 g
Leonurus cardiaca 30 g
Ingwerwurzel 20 g
Weißdornblätter mit Blüten 40 g
Yohimbenrinde 20 g

<u>Anwendung und Wirkung:</u>
Nach kurzem Aufkochen den Tee bei kleiner Hitze 30 Minuten lang ziehen lassen. Durch einen Keramikfilter abseihen. Vor den Mahlzeiten zwei bis drei Tassen mit Waldhonig gesüßt einnehmen. Diese Mixtur stärkt die Herzkraft, das Organ arbeitet ökonomischer, große Blutdruckschwankungen werden ausgeglichen, die Durchblutung des Herzmuskels wird gefördert. Innerhalb von zwei bis drei Wochen ist eine deutliche Steigerung der sexuellen Aktivitäten zu registrieren. Mit der verbesserten Herzkraft werden auch die Beckenorgane kräftiger durchblutet, so daß die sexuelle Empfindungsfähigkeit beträchtlich zunimmt.

17. Rezept

Läßt das sexuelle Verlangen infolge von Herzschwäche nach, können auch folgende Kapseln eingenommen werden:

Zutaten:
Cactus grandiflorus 20 mg
Crataegus 30 mg
Damiana 20 mg
Kalmusextrakt 20 mg
Kieselerde 150 mg
Sägepalmenbeerenextrakt 10 mg
Yohimbenextrakt 10 mg

Anwendung und Wirkung:
Zwei Kapseln vor den Mahlzeiten verwenden. Innerhalb von zwei bis drei Wochen läßt sich die Herzkraft steigern, d. h. das Minutenvolumen nimmt zu, Schwellungen der unteren Extremitäten vermindern sich, die Durchblutung der Beckenorgane wird verbessert, so daß das normale sexuelle Verlangen beträchtlich gesteigert werden kann. Diese Kapseln lassen sich auch als Langzeittherapie einsetzen, ohne daß unangenehme Nebenwirkungen auftreten.

18. Teerezept

Wenn durch arteriosklerotische Ablagerungen die Durchblutung der Beckenorgane vermindert ist, kann folgende Teemischung konsumiert werden:

Zutaten:
Adonis vernalis 20 g
Cactus grandiflorus 30 g
Caigua 20 g
Damiana 20 g
Grüner Tee 30 g
Hahnenkammblüten 5 g
Leonurus cardiaca 20 g
Ononis spinosa 20 g
Weißdornblätter mit Blüten 30 g

Anwendung und Wirkung
Einen TL von dieser Mischung in 250 ml Wasser zwei bis drei Minuten kochen, dann eine halbe Stunde ziehen lassen. Mit Honig gesüßt vor den Mahlzeiten trinken. Innerhalb von zwei bis drei Wochen wird das kleine Becken stärker durchblutet. Das trifft bei Frauen auch auf die Gebärmutter zu. Bei Männern gelangt mehr Blut durch die Penisarterie zu den Schwellkörpern. Dadurch kann bei beiden Geschlechtern die Libido angeregt werden. Mit einer längeren Anwendungsdauer ist zu rechnen. Der Tee kann auch vorbeugend eingenommen werden, um auf Dauer eine verbesserte Durchblutung des Urogenitalsystems zu erreichen.

19. Teerezept

Beeinträchtigen Nierenerkrankungen die Sexualität, hilft folgende Teemischung:

Zutaten:
Birkenblätter 30 g
Brennesselwurzel 30 g
Cinnamomum 20 g
Damiana 20 g
Ginseng quinquefolius 20 g
Ginseng sibiricus 30 g
Ingwerwurzel 30 g
Yohimbenrinde 20 g
Yuccablätter 30 g
Zinnkraut 30 g

Anwendung und Wirkung:
Die Menge beträgt einen TL auf 250 ml Wasser. Die Mischung zwei bis drei Minuten kochen und in einem Porzellangefäß 30 Minuten ziehen lassen. Durch einen Keramikfilter abseihen und lauwarm vor den Mahlzeiten mit Honig gesüßt zu sich nehmen. Erst nach längerer Anwendungszeit wird die Nierenfunktion stabilisiert. Die Filtermenge, die durch die Nieren verarbeitet wird, nimmt an Volumen zu, die Nierenarbeit wird erleichtert. Über den Harn können schneller giftige und harnpflichtige Stoffe ausgeschieden werden. Bereits nach zwei bis drei Wochen ist eine bessere Nierenfunktion festzustellen. Die Harnsäure sinkt auf normale Werte und die Stickstoffbilanz wird ausgeglichen. Mit der Verbesserung der Nierenwerte nimmt auch die sexuelle Aktivität wieder zu. Der Tee sollte jedoch mindestens über einen Zeitraum von drei bis fünf Monaten verwendet werden, um eine optimale Wirkung zu erzielen. In bestimmten Fällen kann der Tee auch jahrelang genutzt werden, damit es zu keinem Rückfall kommt.

20. Teerezept

Sind auf Blutarmut zurückzuführende Schwächezustände für das Nachlassen der Sexualität verantwortlich, kann folgender Tee Abhilfe bieten:

Zutaten:
Cactus grandiflorus 20 g
Catuaba 30 g
Damiana 20 g
Eisenkraut 20 g
Ginseng sibiricus 20 g
Lapachorinde 40 g
Ingwerwurzel 30 g
Löwenzahnwurzel 30 g
Uncaria tomentosa 20 g

Anwendung und Wirkung:
Eine Msp von dieser Mischung auf 250 ml Wasser geben. Kurz aufkochen und dann auf kleiner Flamme eine halbe Stunde lang ziehen lassen. Durch einen Keramikfilter abseihen und mit Waldhonig gesüßt vor den Mahlzeiten trinken. Nach zwei- bis dreimonatiger Anwendungszeit verbessert sich das Blutbild, die Durchblutung wird ausgeglichen, auch die Durchblutung im kleinen Becken nimmt zu, die Anzahl der roten Blutkörperchen normalisiert sich, der Hämoglobinwert im Blut steigt auf normale Werte an. In demselben Ausmaß, in dem sich die körperlichen Werte der Norm nähern, wird die Libido gesteigert. Durch diesen Tee werden die Beckenorgane gezielt durchblutet und bei Männern die Schwellkörperdurchblutung gefördert, bei Frauen die Durchblutung der Gebärmutter intensiviert. Bei Frauen nimmt der Östrogenspiegel zu, bei Männern steigt die Testosteronproduktion beträchtlich. Dieser Tee kann ein halbes Jahr lang regelmäßig getrunken werden, ohne daß Nebenwirkungen auftreten. Auch eine längere Anwendungsdauer ist ohne weiteres möglich.

21. Teerezept

Wenn infolge von Depressionen das sexuelle Verlangen nachgelassen hat, sollte folgende Mischung getrunken werden:

Zutaten:
Damiana 30 g
Ginseng quinquefolius 30 g
Johanniskraut 30 g
Kava-Kava 30 g
Ingwerwurzel 20 g
Löwenzahnwurzel 20 g
Passiflora 20 g
Yohimbenrinde 40 g

Anwendung und Wirkung:
Von diesem Tee nimmt man eine Msp auf 250 ml Wasser. Aufkochen und eine halbe Stunde lang ziehen lassen. Mit Honig gesüßt vor den Mahlzeiten konsumieren. Der Tee beseitigt die depressive Stimmung, das morgendliche Tief läßt nach, es kommt zu normalen körperlichen Aktivitäten, die sexuelle Empfindungsfähigkeit nimmt zu, das Verlangen nach Verkehr steigt erheblich. Auch nach längeren depressiven Phasen führt dieser Tee bei beiden Geschlechtern zu einer gesteigerten sexuellen Aktivität. Um einen optimalen Effekt zu erzielen, sollte der Tee mindestens ein Jahr lang regelmäßig getrunken werden.

22. Teerezept

Bei den zuletzt genannten Beschwerden kann auch folgende Kapselform eingenommen werden:

Zutaten:
Damiana 30 mg
Ginseng quinquefolius 10 mg
Ginseng sibiricus 10 mg
Hypericum 10 mg
Kava-Kava 10 mg
Kieselerde 150 mg
Passionsblumenextrakt 20 mg
Trazodon 20 mg
Yohimbenrinde 10 mg
Zinkorotat 10 mg

Anwendung und Wirkung:
Diese Kapseln sind dreimal täglich vor den Mahlzeiten zu verwenden. Es kommt zu einer Stimmungsaufhellung, die körperliche Aktivität nimmt zu, die depressiven Gedanken verschwinden und die Sexualität wird bei beiden Geschlechtern auf angenehme Weise angeregt.

23. Teerezept

Verursachen Leberbeschwerden ein allmähliches Nachlassen des Geschlechtstriebs, ist folgende Mischung zu empfehlen:

Zutaten:
Bärlappkraut 30 g
Basilikum 10 g
Bohnenkraut 20 g
Catuaba 30 g
Damiana 30 g
Enzianwurzel 10 g
Löwenzahnwurzel 30 g
Mariendistelfrüchte 30 g
Schafgarbe 30 g

Anwendung und Wirkung:
Einen TL in 250 ml Wasser kurz aufkochen, durch einen Keramikfilter abseihen und eine halbe Stunde ziehen lassen. Den Tee mit Honig gesüßt vor den Mahlzeiten trinken. Nach drei bis vier Wochen haben sich die Leberwerte normalisiert, krankhaft erhöhte Transaminasen sinken deutlich ab. Der Allgemeinzustand bessert sich, die Durchblutung im kleinen Becken nimmt zu, das sexuelle Verlangen steigt, die Koitusfrequenz erhöht sich beträchtlich. Die Orgasmusfähigkeit nimmt bei beiden Geschlechtern stark zu. Bemerkenswert ist auch, daß die Schwellkörperdurchblutung intensiviert und bei Frauen die Cowper'schen und Bartholinischen Drüsen aktiviert werden. Auch das sexuelle Empfinden ist bei beiden Geschlechtern stärker angesprochen.

24. Teerezept

Wird wegen Leberbeschwerden das sexuelle Verlangen abgeschwächt, sollte folgender Kräutertee getrunken werden:

Zutaten:
Basilikum 20 g
Bohnenkraut 30 g
Damiana 30 g
Enzianwurzel 10 g
Kalmuswurzel 20 g
Kamille 30 g
Leberblümchen 20 g
Mariendistelfrüchte 20 g
Tausendgüldenkraut 20 g

Anwendung und Wirkung:
Diesen Tee (1 TL auf 250 ml Wasser) kurz überbrühen und 20 Minuten ziehen lassen. Innerhalb von zwei bis drei Wochen sinken die krankhaft erhöhten Leberwerte. Es ist aber darauf zu achten, daß zu diesem Tee kein Alkohol und keine anderen Medikamente eingenommen werden. Nach ungefähr drei bis vier Wochen ist eine gesteigerte sexuelle Aktivität zu bemerken.

25. Teerezept

Vermindern migräneartige Kopfschmerzen bei beiden Geschlechtern das sexuelle Verlangen, ist folgende Teezusammenstellung zu empfehlen:

Zutaten:
Basilikum 20 g
Damiana 20 g
Kalmus 30 g
Lavendelblüten 10 g
Löwenzahnwurzeln 30 g
Mutterkraut (Tannacetum parthenium) 30 g
Passionsblumenkraut 20 g
Weidenrinde 10 g
Yohimbenrinde 20 g

Anwendung und Wirkung:
Einen TL auf 250 ml Wasser. Den Tee kurz aufkochen und 30 Minuten ziehen lassen. Dann abseihen und mit Waldhonig gesüßt vor den Mahlzeiten trinken. Auf eine regelmäßige Einnahme ist zu achten, denn durch die Wirkstoffe dieses Tees wird die Sexualität angeregt. Die Neigung zu Kopfschmerzen vergeht langsam im Verlauf von zwei bis drei Monaten. Die Gehirndurchblutung wird verbessert, einseitige Gefäßspasmen, wie sie bei Migräne vorkommen, werden verhindert. Damit läßt sich die sexuelle Ansprechbarkeit intensivieren. Der Tee sollte kurmäßig angewendet werden. Die tägliche Trinkmenge beträgt mindestens 350 ml, da der Erfolg sonst in Frage gestellt ist. Er wirkt bei beiden Geschlechtern, bei Frauen besonders gegen migränebedingtes sexuelles Desinteresse, bei Männern gegen allgemeine Kopfschmerzen und mangelhafte Schwellkörperdurchblutung.

26. Teerezept

Ist die Potenz bei Männern durch Nervosität, Erwartungsangst, Stimmungsschwankungen und Minderwertigkeitsgefühle geschwächt, schafft folgende Teezusammenstellung Abhilfe:

Zutaten:
Baldrianwurzel 20 g
Damiana 20 g
Hopfenzapfen 20 g
Johanniskraut 30 g
Kamillenblüten 20 g
Kava-Kava 30 g
Lavendelblüten 30 g
Melissenblüten 30 g
Yohimbenrinde 30 g

Anwendung und Wirkung:
Einen TL auf 250 ml Wasser zehn Minuten kochen, so daß alle Wirkstoffe aus dem Tee extrahiert werden. Dann 30 Minuten ziehen lassen, durch einen Papierfilter abseihen, mit Waldhonig süßen und noch warm vor den Mahlzeiten trinken. Auch dieser Tee sollte kurmäßig angewendet werden. Nach zwei bis drei Monaten vermindert sich die Nervosität, die Erwartungshaltung nimmt ab. Dadurch kann sich das Geschlechtsleben besser entfalten. Interessant ist, daß durch diese Teezusammenstellung auch das Ansprechen auf gegengeschlechtliche Duftstoffe, sogenannte Pheromone, zunimmt. Das bedeutet, der Körper spricht auf chemische sexuelle Reize an. Nach einem halben Jahr nimmt auch die Orgasmushäufigkeit zu. Hemmungen, die sich während der Kindheit eventuell gegen die Sexualität gebildet haben, können durch diese Mixtur abgebaut werden.

27. Teerezept

Vermindern schwere Depressionen das sexuelle Interesse, sollte folgende Teemischung verwendet werden:

Zutaten:
Catuaba 50 g
Damiana 30 g
Hypericum 20 g
Kalmus 30 g
Kava-Kava 30 g
Passionsblumenkraut 30 g
Pfaffia 20 g
Yohimbenrinde 30 g

Anwendung und Wirkung:
Von diesem Tee einen TL auf 250 ml Wasser kurz aufkochen und zugedeckt auf kleiner Flamme ziehen lassen. Vor den Mahlzeiten konsumieren. Wenn die Depressionen ungewöhnlich stark sind, kann die Trinkmenge verdoppelt oder verdreifacht werden. Mit einer halbjährlichen Anwendungsdauer ist zu rechnen, um einen optimalen Erfolg zu erzielen. Im selben Ausmaß wie die Depressionen nachlassen, steigt das sexuelle Erleben. Eventuelle negative Stimmungsschwankungen lassen sich ausgleichen.

28. Rezept

Ist jemand durch den Beruf voll in Anspruch genommen, kann folgende Kapselzusammenstellung gewählt werden, um Depressionen und nachlassende sexuelle Bereitschaft zu kurieren:

<u>Zutaten:</u>
Avena sativa 30 mg
Damiana 10 mg
Ginseng koreanus 20 mg
Ginseng sibiricus 10 mg
Kalmuswurzel 10 mg
Kieselerde 150 mg
Meisterwurz 10 mg

<u>Anwendung und Wirkung:</u>
Die Dosis beträgt pro Tag einmal eine Kapsel, in schweren Fällen bis zu dreimal drei Kapseln. Die Wirkstoffe sind so konzentriert, daß die Sexualität günstig beeinflußt wird und parallel dazu der Reiz am Geschlechtsverkehr zunimmt, weil der Streß besser abgebaut wird. Bei Männern beeinflußt die Zusammenstellung besonders gut reaktive Depressionen, bei Frauen speziell neurotische Depressionen.

29. Rezept

Leiden Frauen unter Lebensunlust, Unsicherheitsgefühlen, Stimmungsschwankungen und Verkrampfungen, wie z. B. in der Scheide, Schmerzen beim Geschlechtsverkehr sowie unter Gefühlskälte und Ablehnung des Partners, dann sollte folgende Kapselform gewählt werden:

<u>Zutaten:</u>
Avena sativa 30 mg
Basilikumextrakt 10 mg
Borretschkrautextrakt 10 mg
Catuaba 10 mg
Damiana 10 mg
Kava-Kava 10 mg
Kieselerde 200 mg
Petersilienfrüchteextrakt 10 mg
Sägepalmenextrakt 10 mg
Trazodon 10 mg

<u>Anwendung und Wirkung:</u>
Dreimal täglich eine Kapsel einnehmen. Sollte diese Menge nicht ausreichen, kann in schweren Fällen die zwei- bis dreifache Quantität angesetzt werden, ohne daß es zu Nebenwirkungen kommt. Auch hier ist mit einer kurmäßigen Anwendung das beste Ergebnis zu erzielen. In den meisten Fällen lassen mit Ablauf von zwei bis drei Monaten die depressiven Stimmungen nach. Die Libido wird im Verlauf von zwei bis drei Wochen langsam aufgebaut und das Ansprechen auf sexuelle Reize nimmt dann beträchtlich zu.

30. Rezept

Wenn bei Männern infolge von zunehmendem Alter und Durchblutungsstörungen bei zu hohem Cholesterinspiegel das Liebeserleben nachläßt, sollte folgende Kapselform angewendet werden:

<u>Zutaten:</u>
Catuaba 30 mg
Damiana 10 mg
Extrakt Ginseng quinquefolius 10 mg
Ginseng sibiricus 10 mg
Hopfenextrakt 20 mg
Kieselerde 150 mg
Passionsblumenextrakt 10 mg
Pfaffia 20 mg
Sägepalmenfrüchteextrakt 10 mg
Trazodon 10 mg

Täglich dreimal eine Kapsel vor den Mahlzeiten. Je nach Schweregrad kann die Dosis verdoppelt oder verdreifacht werden. Durch diese Mischung werden altersbedingte Schwächezustände bei Männern ausgeglichen, die Voraussetzungen für eine normale Sexualität verbessert und das Ansprechen auf sexuelle Duftstoffe gesteigert. Dann können bereits geringe Reize zu einer Erektion führen. Außerdem wird die sexuelle Befriedigung erleichtert. Auch die morgendliche Erektionshäufigkeit nimmt zu. Der Schwellungsgrad der beiden Schwellkörper wird um 10 bis 20 Prozent gefördert. Auch das Sekret, das in den Samenbläschen gebildet wird, ist reichlich bei der Ejakulation vorhanden. Gleichzeitig kommt es durch diese Kapselform auch zu einer Verbesserung der Samenqualität. Die Ejakulatsmenge vermehrt sich, so daß die Fruchtbarkeit deutlich erhöht wird. Gleichzeitig fallen Hemmungen weg, und die Libido kann sich frei entfalten.

31. Teerezept

Wenn durch Nierenleiden die Potenz vermindert ist, sollte folgender Tee getrunken werden:

Zutaten:
Ackerschachtelhalm 30 g
Birkenblätter 20 g
Bruchkraut 20 g
Catuaba 30 g
Damiana 30 g
Queckenwurzeln 30 g
Solidago 30 g
Wacholderspitzen 10 g

Anwendung und Wirkung:
Ein TL dieser Mischung auf etwa 125–250 ml Wasser geben. Kurz sieden und zugedeckt auf kleiner Flamme 30 Minuten lang ziehen lassen. Dann durch einen Papier- oder Keramikfilter abseihen und mit Honig gesüßt vor den Mahlzeiten anwenden. Um einen optimalen Effekt zu erzielen, ist mit einer Konsumzeit von einem halben bis dreiviertel Jahr zu rechnen. Doch werden bereits nach einigen Wochen die Nierenfunktionswerte positiv angesprochen. Krankhaft erhöhte Harnstoffwerte gehen zurück. Auch der wichtigste Wert der Nierenfunktion, der Kreatininwert, läßt sich stabilisieren. Das beeinflußt positiv die Potenz.

32. Rezept

Bei Nierenleiden mit verminderter Sexualität sind folgende Kapseln empfehlenswert:

Zutaten:
Ackerschachtelhalmextrakt 30 mg
Basilikum 10 mg
Birkenblätterextrakt 20 mg
Bruchkrautextrakt 10 mg
Catuaba 10 mg
Damianaextrakt 30 mg
Goldrutenextrakt 10 mg
Kieselerde 200 mg
Pfaffia 10 mg
Queckenwurzel 10 mg

Anwendung und Wirkung:
Diese Kapseln sollten vor den Mahlzeiten konsumiert werden. Besonders zu empfehlen ist die Einnahme mit frisch gepreßten oder frisch gemixten Obst- oder Gemüsesäften. Dies verstärkt die Wirkung deutlich. Im Einzelfall kann die Dosis verdoppelt oder verdreifacht werden, ohne daß unangenehme Nebenwirkungen auftreten. Mit einer Besserung des Allgemeinbefindens ist meistens innerhalb von wenigen Wochen zu rechnen. Im gleichen Ausmaß, in dem sich die Nierenfunktionswerte bessern, nimmt die Ansprechbarkeit auf sexuelle Reize zu.

33. Teerezept

Wenn infolge von Herzbeschwerden die sexuelle Leistungsfähigkeit nachläßt, sollte folgender Tee getrunken werden:

Zutaten:
Avena sativa 30 g
Cactus grandiflorus 40 g
Camelia sinensis 50 g
Catuaba 30 g
Cinnamomum 20 g
Damiana 20 g
Weißdornblätter 30 g

Anwendung und Wirkung:
Von diesem Tee sollten dreimal täglich zwei Tassen getrunken werden. Für den Tee einen TL der Mixtur auf 250 ml Wasser nehmen. Zwei bis drei Minuten aufkochen, dann 30 Minuten ziehen lassen, abseihen und mit Waldhonig süßen. Innerhalb von zwei bis drei Wochen wird die Herzkraft deutlich gestärkt, die Ermüdbarkeit läßt nach, das Allgemeinbefinden verbessert sich, die sexuelle Kraft und Ausdauer nehmen beträchtlich zu.

34. Rezept

Bei Herzschwäche und nachlassender sexueller Leistungsfähigkeit können auch folgende Kapseln eingenommen werden:

<u>Zutaten:</u>
Brennesselsamenextrakt 20 mg
Catuabarinde 10 mg
Damiana 10 mg
Gugul 10 mg
Kieselerde 150 mg
Leonurus cardiaca 20 mg
Löwenzahnwurzelextrakt 10 mg
Memecylon 10 mg
Pfaffia 10 mg
Weißdornextrakt 10 mg

Allgemein reichen dreimal täglich eine Kapsel vor den Mahlzeiten. Für den Fall, daß nach einer Woche die Besserung noch nicht vollkommen eingetreten ist, kann die Dosis verdoppelt oder verdreifacht werden, ohne daß gefährliche Nebenwirkungen zu erwarten wären. In erster Linie fördert diese Mischung die Herzkraft, außerdem läßt das verbesserte Allgemeinbefinden die Sexualität wieder zum Zug kommen. Durch diese Kapselform wird auch das Ansprechen auf sexuelle Reize verstärkt, denn geschlechtlich spezifische Lockstoffe, die Pheromone, werden deutlicher wahrgenommen. Die Orgasmusfähigkeit steigt und das angenehme Gefühl während der Vereinigung verstärkt sich erheblich.

35. Teerezept

Führen Rückenschmerzen zu einem Nachlassen der Libido, ist folgender Tee anzuraten:

Zutaten:
Avena sativa 30 g
Birkenblätter 20 g
Brennesselwurzel 30 g
Brombeerblätter 20 g
Damiana 20 g
Sägepalmenbeeren 30 g
Teufelskrallenwurzeln 30 g
Weidenrinde 40 g
Zinnkraut 30 g

Anwendung und Wirkung:
Einen TL auf 250 ml Wasser kurz aufkochen. 30 Minuten ziehen lassen, durch einen Papierfilter abseihen und mit Waldhonig süßen. Die normale Dosis beträgt dreimal eine bis dreimal zwei Tassen Tee pro Tag. Je nach der Intensität der Rückenschmerzen kann die Trinkmenge auch wesentlich erhöht werden, bis Beschwerdefreiheit eintritt. Mit dem Nachlassen der Rückenschmerzen nimmt die sexuelle Empfindsamkeit wieder zu. Die Durchblutung im kleinen Becken erhöht sich, beim Mann wird die Durchblutung der Schwellkörper gefördert, bei der Frau die Gebärmutter mit Eierstöcken und Eileitern stimuliert.

36. Teerezept

Läßt wegen einer Zuckerkrankheit (Diabetes) das geschlechtliche Verlangen stark nach, ist folgende Teemischung hilfreich:

Zutaten:
Birkenblätter 30 g
Brennesselsamen 20 g
Brombeerblätter 20 g
Catuaba 30 g
Damiana 20 g
Heidelbeerblätter 30 g
Klettenwurzeln 20 g
Malvenblätter 10 g
Maulbeerblätter 30 g
Pfaffia 20 g

Anwendung und Wirkung:
Von diesem Tee einen TL auf 250 ml Wasser kurz aufkochen, bei kleiner Flamme 30 Minuten ziehen lassen und mit Honig gesüßt vor den Mahlzeiten warm verwenden. Der Tee sollte mindestens vier bis fünf Wochen lang eingenommen werden, um die optimale Wirksamkeit zu erreichen. Dabei wird die Stoffwechselfunktion des Diabetikers aktiviert und der Blutzuckerwert normalisiert. Wenn der Tee zwei bis drei Monate lang eingenommen wird, pegeln sich auch die Langzeitzuckerwerte ein. Das sind die Voraussetzungen, um das Geschlechtsleben wieder intensiv und ohne Probleme erfahren zu können. Zur Einstellung der diabetischen Stoffwechsellage ist es notwendig, den Tee mindestens ein bis zwei Jahre regelmäßig zu trinken. Durch diesen Tee können auch diabetische Spätschäden verhindert werden, das bedeutet die Nieren werden geschützt und der Augenhintergrund wird besser durchblutet. Je besser der Stoffwechsel eingestellt ist, desto weniger Probleme treten mit der Potenz auf.

Besonderer Tip:

Zusätzlich zu diesem Tee können folgende Kapseln eingenommen werden, um die Potenz des Diabetikers möglichst lange aufrecht zu erhalten:

<u>Zutaten:</u>
Caigua 20 mg
Catuaba 20 mg
Cortex Laricis 20 mg
Damiana 10 mg
Ginseng quinquefolius 20 mg
Ginseng sibiricus 10 mg
Kieselerde 150 mg
Pasuchaca 20 mg

<u>Anwendung und Wirkung:</u>
Von diesen Kapseln dreimal täglich zwei bis drei Stück einnehmen. Dadurch verbessert sich die diabetische Stoffwechsellage und das Interesse an der Sexualität bleibt erhalten.

37. Rezept

Bei Rückenschmerzen und beginnenden Bandscheibenvorfällen kann folgende Mischung in Kapselform eingenommen werden:

Zutaten:
Brennesselsamenextrakt 10 mg
Catuaba 20 mg
Damiana 20 mg
Ginsengextrakt 10 mg
Kalmusextrakt 10 mg
Kieselerde 150 mg
Löwenzahnwurzeln 10 mg
Schachtelhalmextrakt 10 mg
Weidenrindenextrakt 10 mg

Anwendung und Wirkung:
Täglich dreimal eine Kapsel vor den Mahlzeiten. In schweren Fällen kann die Dosis verdoppelt oder verdreifacht werden. Innerhalb von zwei bis drei Wochen sind die ersten Anzeichen einer Besserung zu erkennen. Die Rückenschmerzen lassen nach und im gleichen Ausmaß nimmt das Interesse an der Sexualität wieder zu.

Besonderer Tip:

Ist ein Bandscheibenvorfall geschehen, sollte folgende Kapselform verwendet werden:

Zutaten:
Basilikum 10 mg
Brennesselwurzelextrakt 20 mg
Kieselerde 200 mg
Löwenzahnwurzelextrakt 20 mg
Meisterwurz 20 mg
Sägepalmenfrüchte 10 mg
Teufelskrallenwurzeln 40 mg
Wacholderbeeren 10 mg
Weidenrindenextrakt 30 mg

Anwendung und Wirkung:
Von dieser Substanz bis zu dreimal drei Kapseln vor den Mahlzeiten einnehmen. Ein Bandscheibenvorfall kann bei Männern Impotenz und sexuelle Empfindungslosigkeit auslösen. Die Kapseln beginnen nach drei bis vier Wochen langsam zu wirken. Auch bei Frauen führen Bandscheibenleiden zu Störungen der Libido. Hier können die Kapseln ebenfalls helfen. Sie sollten mindestens ein halbes Jahr lang eingenommen werden, um die bestehenden Störungen zu beheben und um weiteren Bandscheibenvorfällen vorzubeugen.

Weiterer Tip:

Sollte die genannte Kapselform zu schwach sein, kann zur Unterstützung folgende Teemischung getrunken werden:

Zutaten:
Brennesselkraut 30 g
Kalmus 20 g
Römische Kamille 30 g
Sumnitates juniperi 30 g

Anwendung und Wirkung:
Zwei TL dieser Mixtur in 500 ml Wasser kurz aufkochen, dann auf kleiner Flamme 30 Minuten ziehen lassen. Durch einen Papier- oder Keramikfilter abseihen und mit Waldhonig süßen. Vor den Mahlzeiten 250 bis 500 ml noch warm konsumieren. Dieser Tee kann die nachlassende Sexualität anregen, Entzündungen im Rückenbereich ausgleichen und das geschlechtliche Verlangen bei Frauen und Männern deutlich steigern. Bei Männern wird die Durchblutung der Schwellkörper angeregt. Zugleich verstärkt sich die Bildung von Spermatozoen. Der Reifegrad der Spermien wird verbessert, die Ejakulatsmenge vergrößert. Bei Frauen wird die Durchblutung der Organe im kleinen Becken aktiviert und der Berührungsreiz der Klitoris verstärkt. Frauen können somit einen schnelleren Orgasmus erreichen und das befriedigende Gefühl danach hält bedeutend länger an. Um eine optimale Wirkung zu erzielen, sollte der Tee mindestens ein Jahr lang eingenommen werden.

Ein anderes wirksames Aphrodisiakum kann folgendermaßen hergestellt werden:

30 g getrocknete Damianablätter werden in einem halben Liter Obstschnaps angesetzt. Nach zehn Tagen abseihen und die zurückbleibenden, in Alkohol getränkten Blätter in einem Liter Wasser einkochen, bis nur mehr 200 ml Flüssigkeit übrig beiben. Der übrige wässrige Extrakt wird mit der alkoholischen Tinktur vermischt, mit drei EL Honig gesüßt und ist nunmehr fertig zubereitet. Männer sollten von diesem Elixier vor den Mahlzeiten ein halbes Glas voll konsumieren. Bei Frauen genügt die Einnahme von zwei bis drei TL pro Tag. Sollte nach zwei bis drei Wochen die erwünschte Wirkung noch nicht eingetreten sein, kann die doppelte oder dreifache Menge angesetzt werden.

Wenn dieses Damianaelixier zu schwach sein sollte, kann folgende Mischung verwendet werden:

Zutaten:
Damianablätter 50 g
Ginseng 30 g
Guaranarinde 50 g
Yohimbenrinde 30 g

Anwendung und Wirkung:
Die festen Bestandteile für zwei Wochen in 60%igem Alkohol einlegen, dann den Alkohol abseihen. Die erhaltene Mischung in einem halben Liter Wasser aufkochen bis nur mehr 250 ml übrig bleiben. Nochmals abfiltern, den Dicksaft mit der Alkoholtinktur mischen und das daraus entstandene Elixier mit Honig gesüßt in Flaschen abfüllen. Bei diesem Verfahren werden alkohol- und wasserlösliche Substanzen, die sich gegenseitig ergänzen, kombiniert, was die Wirksamkeit enorm steigert.

Einhornwurzel

Diese Pflanze hat den lateinischen Namen *Helonias dioica*. Wegen eines dicken Wurzelstocks, der für Heilzwecke verwendet werden kann, wird sie volkstümlich Einhornwurzel genannt. Botanisch gesehen gehört die Pflanze zu den Liliengewächsen. Vom Wurzelstock können eine Tinktur, ein Extrakt, ein Elixier oder ein Tee gewonnen werden. Diese Zubereitungen regen die weibliche Libido an. Bakterielle Besiedelungen der Scheide, der Eierstöcke und Eileiter werden verhindert, die körperliche Widerstandsfähigkeit steigt, das Immunsystem wird angeregt, die natürlichen Killerzellen nehmen zu. Die Behandlung mit Wurzelstock sensibilisiert das Ansprechen auf sexuelle Reize, geschlechtliche Lustlosigkeit, Apathie und Gleichgültigkeit werden beseitigt. Bei höherer Dosis der Extrakte oder der Tinktur wird das sexuelle Erlebnis intensiver und das Verlangen nach körperlicher Vereinigung nimmt stark zu. Wenn das Mittel mit anderen sexuell anregenden Substanzen gemischt und in der richtigen Dosis verabreicht wird, kann es zu einer sexuellen Hemmungs- und Zügellosigkeit bei Frauen kommen. Denn auch Frauen, die noch nie in ihrem Leben einen richtigen Orgasmus erreicht haben, sind plötzlich zu mehreren Orgasmen nacheinander fähig. Für Männer sollten diese Mittel sorgfältig dosiert und kumuliert werden, um den größtmöglichen Erfolg zu erreichen.

Auch bei langjähriger Impotenz aus organischer Ursache kann ein Präparat aus dieser Pflanze hilfreich sein. Das jugendliche sexuelle Verlangen läßt sich mit den Wirkstoffen des Wurzelstocks langsam wieder aufbauen.

1. Rezept

Wenn infolge von übelriechendem Ausfluß das sexuelle Verlangen vermindert ist, sollte folgende Kapselform eingenommen werden:

Zutaten:
Avena-sativa-Extrakt 20 mg
Einhornwurzel 20 mg
Extrakt Basilikum 10 mg
Extrakt Calami 10 mg
Extrakt Catuaba 10 mg
Extrakt Laveloz 10 mg
Extrakt Pfaffia 10 mg
Kieselerdeextrakt 200 mg
Sägepalmenbeerenextrakt 20 mg
Uncaria tomentosa 20 mg

Anwendung und Wirkung:
Von diesen Kapseln sollte dreimal eine täglich eingenommen werden. Auf diese Weise kann das sexuelle Empfinden gesteigert werden. Sollten Infektionen der Genitalorgane vorliegen, kann die Dosis verdoppelt oder verdreifacht werden. Durch die Kombination dieser Wirkstoffe kommt es zu einem antibakteriellen Effekt. Bakterien werden beseitigt, Bazillen können sich nicht mehr vermehren, das körpereigene Immunsystem wird gestärkt. So können auch Pilzinfektionen hartnäckiger Art beseitigt werden. Durch diese Kapselform wird auch die Reizbarkeit der Vaginalschleimhaut herabgesetzt, so daß ein vorher schmerzhafter Verkehr wieder lustvoll empfunden werden kann.

2. Rezept

Verhindert eine krankhafte bakterielle Besiedelung der Vaginalschleimhaut das sexuelle Verlangen, ist folgende Kapselform vielversprechend:

Zutaten:
Aloe-vera-Extrakt 10 mg
Basilikum 10 mg
Catuaba 10 mg
Damiana 20 mg
Einhornwurzel 10 mg
Extrakt Hyosciami 1 mg
Ginseng quinquefolius 10 mg
Kieselerde 150 mg
Lavelozextrakt 20 mg
Pfaffia 10 mg
Piper cupeba 20 mg
Uncaria-tomentosa-Extrakt 10 mg

Anwendung und Wirkung:
Dreimal eine Kapsel vor den Mahlzeiten. Bei regelmäßiger Anwendung läßt sich bereits innerhalb von zwei Wochen das bakterielle Milieu in der Scheide normalisieren. Protozoen, Viren, Chlamydien, Candidapilze oder Trichomonaden können sich nicht mehr vermehren. Die lustvolle Erlebnisfähigkeit in der Sexualität wird wiedergewonnen. Schmerzen, die bislang die körperliche Vereinigung beeinträchtigten, vergehen. Der normale Ablauf von Sinnesreizen, Lusterregung, Höhepunkt, Entspannung und Befriedigung wird intensiver wahrgenommen und die Störungsanfälligkeit dieses Geschehens nimmt beträchtlich ab.

3. Rezept

Läßt bei Frauen wegen Sorgen, Problemen, beruflicher Streßsituationen oder familiärer Aufregungen die Sexualität nach, ist folgende Kapselform anzuraten, um die Liebesfähigkeit zu verbessern:

Zutaten:
Basilikum 10 mg
Camelia-sinensis-Extrakt 10 mg
Catuaba 10 mg
Einhornwurzel 20 mg
Ginseng sibiricus 20 mg
Guarana 20 mg
Kieselerde 150 mg
Meisterwurz 10 mg
Passionsblumenextrakt 10 mg
Pfaffia 10 mg

Anwendung und Wirkung:
Dreimal täglich eine Kapsel vor den Mahlzeiten. Nach etwa drei bis vier Wochen bessert sich die sexuelle Erlebnisfähigkeit deutlich. Sexuelle Lust wird intensiver wahrgenommen, die negativen Störungsfaktoren werden langsam ausgeschaltet. Der Körper der Frau wird wieder aktiviert, die Orgasmusfähigkeit nimmt zu, das Glücksgefühl nach dem Verkehr hält längere Zeit an. Sorgen, Aufregungen, Streß und negative Einwirkungen verlieren an Bedeutung. Der Körper reagiert auf lustvolle Reize mit intensivem Wohlbefinden.

4. Rezept

Wurde die weibliche Sexualität durch eine lustfeindliche Erziehung mit strengen Geboten und Verboten unterdrückt, wirkt folgende Kapselform befreiend:

Zutaten:
Alstonia scholaris 20 mg
Avena sativa 30 mg
Catuaba 20 mg
Einhornwurzel 30 mg
Kieselerde 150 mg
Pfaffia 10 mg
Sägepalmenfrüchteextrakt 20 mg

Anwendung und Wirkung:
Diese Kapseln sind eine halbe Stunde vor dem Essen einzunehmen. In schweren Fällen – bei absoluter Lustlosigkeit, bei Freudlosigkeit, bei verminderter sexueller Ansprechbarkeit – kann die Dosis ohne weiteres verdoppelt oder verdreifacht werden. Auch eine längere Anwendungszeit von einem halben bis ganzen Jahr ist empfehlenswert, um die sexuelle Erlebnisfähigkeit der Frau nachhaltig zu verbessern.

5. Rezept

Wenn die Orgasmusfähigkeit der Frau herabgesetzt ist, sollte folgende Kapselform eingenommen werden:

Zutaten:
Brennesselsamenextrakt 20 mg
Camelia sinensis 20 mg
Catuaba 20 mg
Einhornwurzel 20 mg
Extrakt Colae siccum 10 mg
Guarana 20 mg
Kieselerde zu 150 mg
Pfaffia 20 mg

Anwendung und Wirkung:
Von diesen Kapseln sollte täglich dreimal eine vor den Mahlzeiten eingenommen werden. Wenn innerhalb einer Woche die erwünschte Wirkung nicht zustande gekommen ist, kann die Dosis ohne weiteres verdoppelt oder verdreifacht werden, ohne daß unangenehme Nebenwirkungen zu befürchten sind. In vielen Fällen führt eine längere Anwendungszeit zur beträchtlichen Luststeigerung bei Frauen. Ein Orgasmus kann sehr schnell erreicht werden. Bei vielen Frauen sind nach längerer Anwendungszeit mehrere Orgasmen keine Seltenheit mehr.

Besonderer Tip:

Sollte diese Kapselform nicht ausreichend sein, kann folgender Tee zusätzlich getrunken werden:

Zutaten:
Basilikum 20 g
Birkenblätterpulver 30 g
Brennesselsamenpulver 20 g
Catuabarinde 20 g
Damianablätter pulverisiert 30 g
Einhornwurzel 30 g
Guaranapulver 30 g
Uncaria-tomentosa-Pulver 20 g

Anwendung und Wirkung:
Eine Msp pro Tasse Wasser kurz aufkochen und 30 Minuten lang ziehen lassen, abseihen und mit Honig gesüßt vor den Mahlzeiten trinken.

Diätplan

Kann auch auf diese Weise die Sexualität nicht ausreichend angeregt werden, sollte zusätzlich folgender Diätplan eingehalten werden:

<u>Morgens</u>
200 g Haferflocken
1 rohes Ei
100 g Magerjoghurt
30 Rosinen
3 EL Piniennüsse
20 Haselnüsse
1 geriebener Apfel
2 Kiwis

Als Getränk:
0,5 l Molke

<u>Vormittags</u>
Als Getränk:
1–2 Tassen Matetee

<u>Mittags</u>
3 Pellkartoffeln
1 Kabeljaufilet
5 Tomaten, fein geschnitten
2 Knoblauchzehen, gehackt
10 Zwiebelringe
1 EL Balsamicoessig
2 EL Olivenöl, kalt gepreßt
30 schwarze Oliven, entkernt

Als Getränk:
1 Zitrone, 1 Orange, 3 Datteln
1 Banane
mit 1 l Wasser gemixt

Nachmittags
3 Scheiben Knäckebrot
Magerquark

Als Getränk:
2 Tassen grüner Tee

Abends
1 Kopf Salat
100 g Schafkäse
2 Austern
2 EL Kaviar
1 EL Kürbiskernöl

Als Getränk:
500 ml Molke

Spät
1 Apfel
2 Kiwis
1 Grapefruit

Durch diese Diätform normalisieren sich vorher auffällige Blutwerte, das Allgemeinbefinden bessert sich, das Immunsystem wird angeregt, die körperliche Kraft und Ausdauer nehmen zu und das Verlangen nach befriedigendem Sexualverkehr steigert sich beträchtlich. Die Kur sollte zwei bis drei Wochen andauern. Sie können den Kabeljau durch anderen Seefisch oder Meeresfrüchte ersetzen.

Besonderer Tip:

Wenn die Libido infolge von Frühjahrsmüdigkeit bei Männern und Frauen vermindert ist, sollte folgender Tee getrunken werden:

Zutaten:
Brennesselwurzelpulver 50 g
Catuaba 30 g
Grüne Teeblätter 20 g
Guarana 30 g
Lavelozpulver 20 g
Pfaffia 20 g
Uncaria-tomentosa-Pulver 20 g

Anwendung und Wirkung:
Eine Msp davon auf einen halben Liter Wasser geben. Kurz aufkochen, 30 Minuten ziehen lassen, abseihen und mit Honig gesüßt vor den Mahlzeiten einnehmen.

Diätplan

Zur Unterstützung und damit die Frühjahrsmüdigkeit schneller vergeht, kann folgendes Diätschema eingehalten werden:

Morgens
1 Gurke, fein geschnitten
30 grüne Oliven, entkernt
20 Blätter Endiviensalat
1 EL Olivenöl
1 EL Balsamicoessig
10 Zwiebelringe
5 kleine Scheiben Pumpernickel
Magerquark

Mittags
200 g Kartoffelsalat
1 rote Paprikaschote, fein geschnitten
$^{1}/_{2}$ Salatgurke, fein geschnitten
1 Bund Radieschen, fein geschnitten
4 EL Olivenöl
1 kleine Zwiebel
1 Becher Magerjoghurt
1 EL scharfer Senf
3 Tropfen Worcestersauce
10 Tropfen Zitronensaft
weißer Pfeffer, frisch gemahlen
1 Bund Schnittlauch, fein gehackt
5 Austern
20 Miesmuscheln

Als Getränk:
1 Zitrone, 1 Orange, 3 Datteln
1 Banane
1 l Wasser

Die Früchte drei bis vier Minuten mit dem Wasser mixen. Das Getränk ist vitamin- und ballaststoffreich und versorgt den Körper mit den notwendigen Nährstoffen, um Lustempfinden wieder befriedigend zu erleben.

<u>Nachmittags</u>
3 Knäckebrote
Magerquark

Als Getränk:
grüner Tee

<u>Abends</u>
Griechischer Salat:
10 Broccoliröschen
20 Blumenkohlröschen
1 Kopf Endiviensalat
4 Karotten, fein geschnitten
150 g Schafkäse
1 EL Zitronensaft
1 Becher Joghurt
1 EL geriebener Sahnemeerrettich
weißer Pfeffer, frisch gemahlen
1 EL Honig
1 Prise Cayennepfeffer
4 EL Walnüsse, fein gehackt
1 Bund Schnittlauch, fein gehackt

Dieser Salat schmeckt gut und kann die verlorengegangene Vitalität innerhalb kurzer Zeit reaktivieren.

Ergänzung des Diätplans:

Zusätzlich zu diesem Diätplan, der ungefähr zwei bis drei Wochen durchgehalten werden sollte, empfiehlt es sich, folgende Kapseln einzunehmen, um ein optimales Ergebnis zu erreichen:

Zutaten:
Damiana 10 mg
Einhornwurzel 10 mg
Cupebapfeffer 10 mg
Catuaba 10 mg
Guarana 10 mg
Ginseng sibiricus 10 mg
Ginseng quinquefolius 10 mg
Sägepalmenbeerenextrakt 10 mg
Avena sativa 20 mg
Kieselerde 200 mg

Anwendung und Wirkung:
Täglich eine Kapsel vor den Mahlzeiten einnehmen. Um ein optimales Ergebnis zu erzielen, ist die Kur ein halbes bis ganzes Jahr lang durchzuhalten. Denn erst nach einer bestimmten Anlaufzeit läßt sich die Aktivität deutlich steigern und die Orgasmusfähigkeit verbessern. Bei Männern wirken diese Kapseln günstig, sie unterstützen die Durchblutung der Prostata, eine krankhaft geschwollene Prostata geht wieder auf ihre normale Größe zurück. Die Aktivität der Samenbläschen nimmt zu, das Sekret von den Prostatadrüsen wird vermehrt ausgeschieden. Auch die Spermienqualität kann innerhalb von drei bis vier Wochen erheblich verbessert werden. Die Anzahl mißgebildeter Samen nimmt ab, die Beweglichkeit der Spermien steigert sich. Die Mixtur fördert das Interesse am Geschlechtsverkehr und beeinflußt günstig verschiedene Formen der Unfruchtbarkeit.

Leiden Männer an vorzeitigem Samenerguß, ist es ratsam, kurz vor dem Verkehr, d. h. 20 bis 30 Minuten zuvor, drei Kapseln einzunehmen. Dadurch wird die Erregungskurve normalisiert, ein Höhepunkt wird erst nach 15 bis 20 Minuten erreicht. Die Erregbarkeit nimmt aber trotzdem zu und die Entspannung nach dem Verkehr ist angenehmer und ohne Zeichen der Erschöpfung. Bei Frauen können mit diesem Präparat Müdigkeit, Unlust, rasche Erschöpfung, Orgasmusunfähigkeit und sexuelle Gleichgültigkeit beseitigt werden.

Gossypium herbacium

Von dieser Pflanze wird die Wurzelrinde verwendet. Ein Extrakt aus der Rinde erhöht die sexuelle Ansprechbarkeit, die Durchblutung im kleinen Becken wird verbessert und die glatte Muskulatur der Genitalorgane angeregt. Gossypium stärkt die Geschlechtsorgane bei Männern und Frauen gleichermaßen intensiv.

Bei Männern kommt es zu einer verbesserten Durchblutung der Schwellkörper, zu einer Vermehrung des Prostatasekretes und zu kräftigeren Kontraktionen der Samenbläschen. Bei längerer Anwendungszeit dieses pflanzlichen Wirkstoffs wird auch die Samenproduktion vermehrt. Der Anteil der unreifen oder mißgebildeten Samenfäden nimmt prozentual stark ab. Bei kurmäßiger Anwendung dieses Wurzelextraktes kann in vielen Fällen die Unfruchtbarkeit bei beiden Geschlechtern behoben werden. Bei Frauen wirkt Gossypium herbacium in der Weise, daß die Eireifung in den Ovarien beschleunigt wird. Der Transport durch die Eileiter geht schneller vor sich, da sich die glatte Muskulatur der Eileiter besser kontrahieren kann. Bei beiden Geschlechtern wird die Ansprechbarkeit auf sexuelle Reize sensibilisiert, wodurch die Freude am Verkehr zunimmt und die Orgasmusfähigkeit deutlich ansteigt.

1. Rezept

Bei verringerter Spermienzahl hat sich folgende Kapselform bewährt:

Zutaten:
Cayennepfeffer 10 mg
Damiana 10 mg
Gossypium herbacium pulverisatum 10 mg
Calamus 10 mg
Kieselerde 150 mg
Pfaffia 10 mg
Radix urticae 10 mg
Sägepalmenbeerenextrakt 20 mg

Anwendung und Wirkung:
Diese Kapselform sollte in leichteren Fällen pro Tag dreimal eingenommen werden. Bei schweren Fällen sind dreimal zwei Kapseln anzuwenden. Bei starkem Mangel an sexuellem Verlangen kann die Dosis ohne Bedenken auf dreimal drei Kapseln täglich vor den Mahlzeiten erhöht werden. Eine kurmäßige Anwendung über mindestens drei bis vier Monaten ist empfehlenswert, um einen optimalen Erfolg zu erreichen.

2. Rezept

Wenn bei Frauen die Eireifung verzögert ist, empfiehlt es sich, folgende Kapseln einzunehmen:

Zutaten:
Avena-sativa-Extrakt 30 mg
Damiana 10 mg
Gossypium herbacium 20 mg
Calamus 20 mg
Kieselerde 150 mg
Löwenzahnwurzelextrakt 10 mg
Malonggay 20 mg
Memecylon ovata 10 mg
Pfaffia 10 mg

Anwendung und Wirkung:
Diese Mixtur steigert das sexuelle Verlangen. Die Durchblutung der Beckenorgane und die Orgasmusfähigkeit nehmen zu. Das gilt auch für die Fruchtbarkeit der Frau.

3. Rezept

Soll eine jahrelange Unfruchtbarkeit beseitigt und das Interesse am Geschlechtsleben wiederbelebt werden, so ist Gossypium herbacium folgendermaßen zuzubereiten:

Zutaten:
Gossypium herbacium 5 g
1 TL Honig

Anwendung und Wirkung:
5 Gramm Gossypium herbacium 10 Minuten lang auskochen, 20 Minuten ziehen lassen und nach dem Abseihen lauwarm, mit Honig gesüßt, trinken. Mindestens 500 ml dieses Tees sollten täglich konsumiert werden, um eine Steigerung der Libido zu erreichen.

4. Rezept

Ist das sexuelle Verlangen herabgesetzt und gleichzeitig bei Männern im Spermiogramm eine verminderte Samenanzahl festzustellen, wobei die Anzahl der unbeweglichen oder mißgebildeten Samenfäden groß ist, kann folgende Rezeptur angewendet werden.

Zutaten:
Cayennepfefferextrakt 20 mg
Damianatinktur 40 g
Ginsengtinktur 30 g
Gossypium herbacium 30 g
Kalmustinktur 20 g
Löwenzahnwurzelextrakt 30 g
Sirupus simplex 500 ml

Anwendung und Wirkung:
Von dieser Mischung dreimal täglich einen EL. Sollte diese Dosis nicht ausreichen, kann sie auf die zwei- bis dreifache Menge erhöht werden, ohne daß schädliche Nebenwirkungen zu befürchten sind. Im Abstand von zwei bis drei Monaten sollten neuerlich Samenproben entnommen werden, so daß der Erfolg der Behandlung genau verfolgt werden kann.

5. Rezept

Wenn in einer Partnerschaft das Interesse am Geschlechtsverkehr abnimmt und die sexuelle Empfindsamkeit stark abfällt, wenn die Erektionsfähigkeit immer mehr nachläßt, ist folgende Kapselzusammenstellung hilfreich:

Zutaten:
Avena sativa 150 mg
Basilikum 10 mg
Catuaba 10 mg
Cinnamomum 10 mg
Coenzym Q10 10 mg
Damiana 10 mg
DHEA 10 mg
Gossypium herbacium 10 mg
Pfaffia 10 mg
Sägepalmenbeerenextrakt 10 mg

Anwendung und Wirkung:
Die Kapseln eine halbe Stunde vor den Mahlzeiten einnehmen. In leichteren Fällen reicht eine Kapsel aus. Eine Steigerung der Dosis bis zu dreimal drei Kapseln ist problemlos möglich. Die ideale Anwendungszeit beträgt drei bis vier Monate. Anschließend kann als Erhaltungsdosis die Menge von zweimal einer Kapsel weitergenommen werden. Nach einem Jahr genügt es in den meisten Fällen, eine Kapsel täglich einzunehmen, um einer Verschlechterung vorzubeugen.

6. Rezept

Kommt es bei Frauen infolge chronischer Müdigkeit zu einem Nachlassen der sexuellen Bereitschaft, ist folgende Tinktur empfehlenswert:

Zutaten:
Gossypium herbacium 30 g
Ginseng quinquefolius 20 g
Catuabatinktur 20 g
Cayennepfeffertinktur 10 g
Avena-sativa-Tinktur 20 g
Damianatinktur 10 g
Extraktum Colae fluidum 50 g
Solutio ferri aromatici 50 g
Sirupus simplex 500 ml

Anwendung und Wirkung:
Von diesem Elixier dreimal täglich ein EL. Zu Beginn der Behandlung ist es manchmal notwendig, die doppelte oder dreifache Menge einzunehmen, um einen möglichst schnellen und sicheren Erfolg zu spüren.
Durch diese Mischung kommt es zu einer verbesserten Durchblutung der Genitalorgane, das Immunsystem wird aufgebaut. Die körperliche Widerstandsfähigkeit erhält Auftrieb. All dies wirkt sich auf die Sexualität der Frau sehr positiv aus.

7. Rezept

Sind nach Geburten, die rasch aufeinander folgten, die körperlichen Kraftreserven erschöpft, wobei die Libido stark nachläßt, ist folgende Zusammenstellung anzuraten:

Zutaten:
Avena sativa 20 g
Catuaba 10 g
Cayennepfeffer 10 g
Cimicifuga 10 g
Extrakt Calami 10 g
Extrakt Ginseng 20 g
Extrakt Guarana 20g
Gossypium herbacium 10 g
Sägepalmenbeerenextrakt 10 g
Vinum chinae comp. 500 ml

Anwendung und Wirkung:
Die Dosis beträgt täglich dreimal zwei EL. Es kommt zu einer allgemeinen Regeneration des Körpers. Bei Frauen kehrt die Kraft und Vitalität zurück, Mängel an Spurenelementen werden ausgeglichen. Dadurch wächst auch das normale Verlangen nach einer gesunden, befriedigenden Sexualität.

8. Rezept

Liegt ein Eisenmangel vor, der das sexuelle Bedürfnis beeinträchtigt, ist folgende Tinktur anzuwenden:

Zutaten:
Avena-sativa-Tinktur 50 g
Catuaba-Tinktur 30 g
Eleutherococcusextrakt 20 g
Extrakt Colae fluidum 30 g
Ginseng-Tinktur 20 g
Gossypium-herbacium-Tinktur 30 g
Sägepalmenbeerenextrakt 50 g
Solutio ferri aromatici 50 g
Vinum chinae comp. 500 ml

Anwendung und Wirkung:
Täglich dreimal zwei EL von diesem Elixier vor den Mahlzeiten konsumieren. Vor allem Frauen leiden häufig unter Eisenmangel. Am besten wirkt sich diese gut vom Körper verwertbare Mixtur bei einer kontinuierlichen Einnahme über ein ganzes Jahr hinweg aus. Zwischendurch sollte in regelmäßigen Abständen der Eisenspiegel im Blut gemessen werden. Wenn die Werte von Eisen, Spurenelementen und Vitaminen im richtigen Bereich liegen, wird auch die Sexualität langsam wieder aktiviert.
Nebenerscheinungen von Eisenmangel wie Abgespanntheit und Müdigkeit verschwinden, Kraft und Vitalität kehren zurück. Damit steigert sich auch das sexuelle Interesse.

9. Rezept

Ist durch einen Hormonmangel bei Frauen die Orgasmusfähigkeit verringert und die Lust am geschlechtlichen Zusammensein gering, kann die regelmäßige Einnahme folgender Mischung zum Erfolg führen und die Libido deutlich steigern:

Zutaten:
Avena-sativa-Extrakt 10 mg
Brennesselsamenextrakt 10 mg
Calamus-Trockenextrakt 10 mg
Cimicifuga-Trockenextrakt 10 mg
Damiana-Extrakt 10 mg
DHEA 10 mg
Gossypium herbacium 10 mg
Kieselerde 150 mg

Anwendung und Wirkung:
Mit dieser Mischung kann ein Hormonmangel ausgeglichen werden.
Zugleich fördert sie auf natürliche Weise das sexuelle Verlangen der Frau. Die Orgasmusfähigkeit nimmt zu, die Plateauphase des Orgasmus wird verlängert und die Frau wird verstärkt für sexuelle Reize sensibilisiert.
Die Einnahme der Mischung empfiehlt sich kurmäßig. Nach längerer Einnahmezeit kommt es zu einer vermehrten Produktion von Sekret der Cowper'schen und der Bartholinischen Drüsen bei der Frau, wodurch der Geschlechtsverkehr für beide Partner noch angenehmer wird und neue Lust ins Spiel kommt.

10. Rezept

Wenn bei Männern durch einen Hormonmangel die Sexualität praktisch ausgeschaltet ist, weil keine Lust mehr verspürt wird und der Mann beim Verkehr den Höhepunkt nicht mehr erreicht, sollte folgende Mischung in Kapselform eingenommen werden, welche die Hormone wieder ins Gleichgewicht zu bringen vermag:

Zutaten:
Avena sativa 10 mg
DHEA 20 mg
Eleutherococcusextrakt 20 mg
Gossypium-herbacium-Trockenextrakt 10 mg
Calamus-Trockenextrakt 10 mg
Kieselerde 150 mg
Methyltestosteron 10 mg
Sägepalmenbeerenextrakt 10 mg

Anwendung und Wirkung:
Bei leichteren Fällen beträgt die tägliche Dosierung dreimal eine Kapsel. Wenn ein schwerer Hormonmangel vorhanden ist (das kann durch die genaue Hormonanalyse in einem Labor festgestellt werden; heutzutage ist es nämlich möglich, DHEA im Serum zu bestimmen, ebenso Testosteron in freier und gebundener Form), sollte die Kur ein halbes Jahr lang ohne Unterbrechung durchgeführt werden. Bereits innerhalb von zwei bis drei Wochen ist mit einer Zunahme der Beischlafhäufigkeit zu rechnen.
Durch diese Mischung wird auch die Ejakulatsmenge erhöht. Die Sekretion in den Prostatadrüsen nimmt zu, die Spermienqualität wird verbessert, das allgemeine Wohlbefinden wird gefördert, die körperliche Kraft, die Leistungsfähigkeit und die Ausdauer werden auf ein höheres Niveau gebracht. Die Zunahme der allgemeinen Vitalität wirkt sich positiv auf das Sexualleben aus.

11. Rezept

Ist bei Männern die Schwellkörperdurchblutung vermindert und leidet darunter die Erektionsfähigkeit, bietet folgende Tinktur Abhilfe:

Zutaten:
Avena sativa 30 g
Brennesselwurzelextrakt 50 g
Catuaba-Tinktur 50 g
Extrakt Colae fluidum 30 g
Ginseng-quinquefolium-Extrakt 20 g
Ginseng sibiricus 30 g
Gossypium herbacium 20 g
Pfaffia-Tinktur 50 g
Solutio ferri aromatici 50 g
Sägepalmenbeerenextrakt 40 g
Vinum chinae comp. 500 ml
Yucca-Extrakt 30 g

Anwendung und Wirkung:
Von diesem wohlschmeckenden Medizinalwein sind täglich dreimal ein EL einzunehmen. In schweren Fällen von beginnender sexueller Interesselosigkeit sollten doppelte bis dreifache Mengen verabreicht werden.
Innerhalb von zwei bis drei Wochen ist mit den ersten Erfolgen zu rechnen. Die Durchblutung der Schwellkörper nimmt zu, das Prostatasekret wird vermehrt gebildet, die Spermienqualität bessert sich beträchtlich, der Körper spricht auf sexuelle Reize schneller an. Der Orgasmus wird nicht mehr ungewollt vorzeitig erreicht. Nach dem Verkehr ist das Gefühl der sexuellen Befriedigung stärker ausgeprägt.

12. Rezept

Nimmt bei Frauen in den Wechseljahren die vaginale Sekretion ab und verliert die Lust am Sexualleben jede Bedeutung, ist zur Einnahme folgender Kapselform zu raten:

Zutaten:
Avena-sativa-Extrakt 150 mg
Brennesselwurzelextrakt 10 mg
Catuaba 20 mg
Damiana 10 mg
DHEA 10 mg
Gossypium herbacium 10 mg
Sägepalmenbeerenextrakt 20 mg

Anwendung und Wirkung:
Bereits drei Kapseln täglich sind wirkungsvoll. Sobald sich eine Besserung eingestellt hat, kann als Erhaltungstherapie eine Kapsel täglich genommen werden. Die Durchblutung der Beckenorgane wird verbessert, die Hormonbildung im Körper ausgeglichen, das sexuelle Verlangen gesteigert und der Verkehr intensiver wahrgenommen. Die Plateauphase beim Orgasmus hält längere Zeit an, und nach einer kurzen Erholungszeit kann ein neuerlicher Orgasmus erlebt werden, ohne daß nachher eine völlige Erschöpfung festzustellen ist. Das Gefühl der Befriedigung verstärkt sich.

13. Rezept

Besteht bei Frauen eine verstärkte Neigung zu Pilzinfektionen, weil der Körper gegenüber Pilzen wenig Widerstandsfähigkeit aufweist, und läßt in diesem Zusammenhang die Libido nach, dann helfen folgende Kapseln:

Zutaten:
Damiana 10 mg
DHEA 10 mg
Gossypium herbacium 10 mg
Calamus 10 mg
Kieselerde 150 mg
Lapachorindenextrakt 10 mg
Memecylon ovata 10 mg
Pfaffia 10 mg
Uncaria-tomentosa-Extrakt 10 mg

Anwendung und Wirkung:
Über einen längeren Zeitraum eingenommen stärkt die Mischung die Widerstandsfähigkeit gegenüber Pilzinfektionen. Um keinen Rückfall zu erleiden, ist mit einer halbjährlichen bis einjährigen Anwendungsdauer zu rechnen. Als positive Nebenwirkung der Kapseleinnahme kommt es zu einer gesteigerten Vitalität. Wenn der Körper in jeder Hinsicht widerstandsfähiger wird, ist es möglich, die Sexualität frei und unbeschwert zu erleben.

14. Rezept

Treten bei Männern nach dem Sexualakt Unlustgefühle auf, gepaart mit einem Zustand der Erschöpfung, sollte folgende Mischung in Kapselform zusammengestellt werden:

Zutaten:
Brennesselsamenextrakt 10 mg
Cactus-grandiflorus-Extrakt 10 mg
Catuaba 20 mg
Damiana 10 mg
DHEA 20 mg
Gossypium herbacium 10 mg
Kieselerde 150 mg
Yucca-Extrakt 10 mg

Anwendung und Wirkung:
Die Mixtur steigert beim Mann den Geschlechtstrieb, die Vitalität nimmt zu. Es ist möglich, ohne zu ermüden, den Verkehr öfter durchzuführen. Die sexuelle Befriedigung beim Verkehr nimmt zu, der Körper spricht auf sexuelle Reize schneller an und die Befriedigung beim Orgasmus ist intensiver. Nach längerer Anwendungsdauer wird auch die Samenqualität verbessert. Bei einer Dosis von dreimal zwei Kapseln pro Tag wird die Durchblutung der Schwellkörper gefördert und dadurch das Eindringen in die Vagina erleichtert.

15. Rezept

Läßt beim Mann die Potenz infolge zu hoher Blutfette nach, da es zugleich zu Verengungen der Arterien im Beckenbereich kommt, ist folgende Kapselform zu empfehlen:

<u>Zutaten:</u>
Avena-sativa-Extrakt 10 mg
Cactus grandiflorus 10 mg
Caigua 10 mg
Catuaba 10 mg
Cayennepfeffer 10 mg
Chitosan 10 mg
Damiana 10 mg
DHEA 10 mg
Gossypium herbacium 10 mg
Kalmusextrakt 10 mg
Kieselerde zu 150 mg
Pasuchaca 10 mg

<u>Anwendung und Wirkung</u>
Von diesen Kapseln sollte dreimal täglich eine eingenommen werden. Arteriosklerotische Veränderungen der Gefäße bilden sich langsam zurück, so daß die Penisarterien besser durchblutet werden. Eine Erektion kann dadurch schneller ausgelöst werden. Der arterielle Bluteinstrom in die Schwellkörper wird erleichtert und zugleich die Bereitschaft zum Verkehr gesteigert. Diese Kapseln sollten kurmäßig angewendet werden, um einen optimalen Erfolg zu erreichen.

Grüner Tee (Konzentrat)

Dieser Wirkstoff stammt aus getrockneten, frisch gesprossenen Blättern des asiatischen Strauches *Camelleadhea*. Ein Konzentrat aus den grünen Teeblättern wirkt stark sexuell anregend. Durch diesen Blätterextrakt wird die Sexualität bei beiden Geschlechtern stimuliert. Bei Männern kommt es zu einer verlängerten Ausdauer, bei Frauen zu einer gesteigerten sexuellen Bereitschaft. Der grüne Tee wird folgendermaßen zubereitet:
300 g Teeblätter werden in fünf Litern Wasser zwei bis drei Stunden gekocht, dann abgeseiht und weitere 24 Stunden auf kleiner Flamme gekocht, bis ein dickflüssiger Sirup entsteht. Dieser Saft ist tropfenweise bis zu viermal täglich einzunehmen. Bei Bedarf kann das Konzentrat mit Wasser verdünnt und mit Honig gesüßt werden.
Der Hauptwirkstoff des grünen Tees ist ein drei- bis vierprozentiges Koffein, das als mildes Stimulans der Großhirnrinde wirkt. Dabei werden die sexuellen Funktionen angeregt. Außerdem ist beim Teekonzentrat auch der Wirkstoff Theophyllin in hoher Konzentration vorhanden. Er aktiviert die Blutzufuhr ins kleine Becken.
Die wichtigsten grünen Teesorten, die sich zur Anregung der Sexualität eignen, sind der Sencha-Tee und der Gyokurotee. Der Sencha-Tee wird in Japan und Formosa (Taiwan) recht häufig getrunken. Der Geschmack ist bitter-herb und die Farbe des Konzentrates hellgelblich. Von der Qualität her ist auch der Extrakt, der aus dem Gyokurotee gewonnen wird, geeignet, die Sexualität auf angenehme Weise anzuregen. Er wächst auf nährstoff-, selen- und germaniumreichen Böden mit guter Humusschicht. Von dieser Teesorte werden die jüngsten und frischesten Triebe verwendet, um das Konzentrat herzustellen.

1. Rezept

Folgende Zusammenstellung ergibt ein sexuell hoch wirksames Tonikum für beide Geschlechter.

Zutaten:
Basilikum-Extrakt 20 ml
Ginseng-Extrakt 30 ml
Grüner-Tee-Konzentrat 50 ml
Guarana-Sirup 50 ml
Pfaffia-Extrakt 30 ml
Solutio ferri aromatici 300 ml

Anwendung und Wirkung:
Von diesem wohlschmeckenden Sirup nehme man vor dem Essen jeweils einen TL ein. Bei schweren Fällen kann die Dosis auf die drei- bis vierfache Menge gesteigert werden, ohne daß unangenehme Nebenwirkungen auftreten. Manchmal empfiehlt es sich, eine halbe Stunde vor dem Verkehr zwei bis drei EL zu konsumieren.

2. Rezept

Folgender Sirup aus Sencha-Tee-Konzentrat ist besonders geeignet, das sexuelle Verlangen zu steigern:

Zutaten:
Damiana-Extrakt 20 g
Guarana-Extrakt 20 g
Koreanischer Ginseng-Extrakt 30 g
Sencha-Tee-Konzentrat 30 g
Vinum chinae comp. 300 ml

Anwendung und Wirkung:
Zur Anregung der Sexualität sollte vor den Mahlzeiten ein Schnapsglas voll dieser Tinktur getrunken werden. Bei Bedarf kann die Menge gesteigert werden. Die Wirkung der Tinktur ist bei beiden Geschlechtern gleich. Auch bei der doppelten und dreifachen Menge gibt es kaum unangenehme Nebenwirkungen. Durch die angegebene Mischung kommt es zu einer körperlichen, geistigen und seelischen Ablenkung und zusätzlich zu einer vermehrten Durchblutung des kleinen Beckens. Die Genitalorgane werden aktiviert.

Kalmus

Die wissenschaftliche Bezeichnung für diese Pflanze ist *Acorus calamus*. Das Gewächs hat lange, schwertähnliche Blätter und wächst in Mitteleuropa sehr häufig in Sumpfgebieten, an feuchten Plätzen wie Bachufern, in der Nähe von Seen, Teichen und Tümpeln. Etwas seltener kommt Kalmus auch in Nordamerika vor, in den gemäßigten Zonen Asiens und zum Teil auch in Südamerika, wenn das Klima feucht und weder zu warm noch zu kalt ist.

Bereits vor 2000 Jahren wurde Kalmus in Indien als Allheilmittel eingesetzt. Bei älteren Menschen verbessert Kalmus das Gedächtnis. Kalmus regelmäßig eingenommen fördert die Langlebigkeit, die geistige Aktivität und das sexuelle Verlangen. Die Siouxindianer in Nord-Dakota verwenden das Mittel in erster Linie zur Verbesserung des Gedächtnisses, zur Aktivierung des Geschlechtstriebes und zur Beseitigung von Gefühlskälte bei Frauen. Um die Libido anzuregen, sollte täglich ein 3 bis 5 cm langes Stück Kalmus von Bleistiftstärke gekaut werden. Dabei ist darauf zu achten, daß die Kalmuswurzel so lange ausgekaut wird, bis nur mehr geschmacklose, holzige Reste der Wurzel vorhanden sind. Dadurch wird gewährleistet, daß alle Wirkstoffe durch den Speichel vom Körper aufgenommen worden sind.

Durch Kalmus wird das zentrale Nervensystem gestärkt. Die sexuellen Impulse werden schneller weitergeleitet und das Gehirn reagiert auf sexuelle Reize intensiver. Bei Frauen unterstützt die Wurzel die sexuelle Erregbarkeit. Das wirksame ätherische Öl, das im Kalmus hauptsächlich in der Wurzel vorhanden ist, heißt Asarone. Dieses Mittel hat neben einer zentral anregenden Wirkung auf das Großhirn noch einen stimmungsbelebenden und depressionslösenden Effekt. Auf diese Weise kann insbesondere die Sexualität der Frau auf angenehme Weise angeregt werden.

1. Rezept

Folgende Mischung mit Kalmusextrakt empfiehlt sich bei nachlassender Sexualität:

Zutaten:
Sirupus simplex 300 ml
Tinctura Calami 40 g
Tinctura Catuaba 50 g
Tinctura Ginseng 30 g

Anwendung und Wirkung:
Von dieser Tinktur ist besonders folgendes Dosierungsschema anzuraten:
In der 1. Woche dreimal täglich einen TL,
in der 2. Woche dreimal täglich zwei TL,
in der 3. Woche kann die Menge auf dreimal täglich einen EL gesteigert werden. Als Erhaltungsdosis empfiehlt es sich, dreimal einen TL über einen längeren Zeitraum einzunehmen.
Durch diese Mixtur kann die Sexualität der Frau intensiver erlebt werden. Der Höhepunkt wird leichter und schneller erreicht und die Orgasmusfähigkeit nimmt beträchtlich zu. Bei Männern zwischen 40 und 50 Jahren wird durch diese Tinktur das sexuelle Verlangen öfter angesprochen und die Durchblutung der Schwellkörper steigert sich um 20 bis 30 Prozent.

2. Rezept

Bei weiblicher Gefühlskälte hat sich folgende Mischung bewährt:

Zutaten:
Avena-sativa-Extrakt 50 g
Extractum Colae fluidum 50 g
Sägepalmenbeerenextrakt 50 g
Solutio ferri aromatici 100 g
Tinctura Calami 50 g
Vinum chinae comp. 750 ml

Anwendung und Wirkung:
Von dieser Mischung sollten dreimal täglich drei EL eingenommen werden. Innerhalb von drei bis vier Wochen Anwendungszeit ist mit deutlichen Ergebnissen zu rechnen.

3. Rezept

Wenn bei Frauen infolge von Depressionen, Überarbeitung und nervlicher Belastung die Libido nachgelassen hat, ist folgende Mischung ratsam:

Zutaten:
Tinctura Calami 30 g
Tinctura Catuaba 50 g
Tinctura Ginseng 40 g
Tinctura Pfaffia 30 g
Vinum chinae comp. 500 ml

Anwendung und Wirkung:
Diese Mischung sollte dreimal täglich eingenommen werden. Die empfohlene Dosis liegt zwischen dreimal einen TL und dreimal zwei EL. Je nach Schweregrad der Beschwerden kann die Dosis unbedenklich weiter gesteigert werden. Auch eine Langzeitanwendung bleibt ohne Nebenwirkungen. Bei schweren Depressionen sollte das Mittel mindestens ein halbes Jahr lang eingenommen werden. Die Wirkung ist stimmungsaufhellend, die Großhirnrinde wird angeregt und die Durchblutung der Beckenorgane verbessert. Der Höhepunkt wird intensiver und rascher erreicht, wobei die Plateauphase des sexuellen Erlebens mindestens eine Stunde lang erhalten bleibt und erst dann langsam absinkt.

4. Rezept

Das folgende Rezept ist für Männer nach dem 50. Lebensjahr geeignet, wenn die Erregbarkeit nachgelassen hat:

Zutaten:
Joringelrindenextrakt 50 g
Sirupus simplex 500 ml
Solutio ferri aromatici 100 g
Tinctura Avena sativa 30 g
Tinctura Calami 50 g
Tinctura Capsicum 30 g

Anwendung und Wirkung:
Von dieser Tinktur sind dreimal täglich ein EL vor den Mahlzeiten zu konsumieren. Bei Bedarf kann die Dosis gesteigert werden, ohne daß unangenehme Nebenwirkungen eintreten. Durch dieses Mittel wird die körpereigene Testosteronproduktion angeregt. Vermutlich wird durch Kalmus der körpereigene Hormonstatus verbessert. Dadurch steigt das geschlechtliche Verlangen auf natürliche Weise.

5. Rezept

Wenn bei Männern die Durchblutung der Schwellkörper zu gering und keine länger anhaltende Erektion möglich ist, sollte folgende Mixtur verwendet werden:

Zutaten:
Sirupus simplex 300 ml
Solutio ferri aromatici 10 g
Tinctura Avena sativa 30 g
Tinctura Calami 50 g
Tinctura Catuaba 50 g
Tinctura Ginseng 20 g

Anwendung und Wirkung:
Diese Mischung aktiviert die Durchblutung der Schwellkörper. Die Erektion wird leichter erreicht und hält auch längere Zeit an. Wird von der Mixtur eine größere Dosis eingenommen, verbessert sich die Samenqualität und die Ejakulatsmenge nimmt um 20 bis 30 Prozent zu.

6. Rezept

Wenn bei Männern der Geschlechtstrieb infolge von Überarbeitung, Streß und Depressionen verringert ist, kann folgende Mixtur hilfreich sein:

Zutaten:
Extractum Calami 50 g
Extractum Ginseng 20 g
Extractum Passiflorae 30 g
Vinum chinae comp. 500 ml

Anwendung und Wirkung:
Von dieser Mischung reichen dreimal zwei EL aus, um einen maximalen Effekt zu erreichen. Nach einer Anwendungsdauer von etwa drei Wochen stellen sich erste Erfolge ein. Die Sexualität wird angeregt und negative Gedanken, die die Libido dämpfen, verschwinden.

7. Rezept

Ist die Libido durch Schuldgefühle, negative Gedanken, Unlustgefühle und Depressionen gedämpft, kann folgende Mischung verwendet werden:

Zutaten:
Extractum Avena sativa 50 g
Extractum Belladonnae 1,2 g
Extractum Calami 50 g
Extractum Catuaba 50 g
Extractum Hyosciami 0,8 g
Extractum Passiflorae 30 g
Sägepalmenbeerenextrakt 30 g
Vinum chinae comp. 750 ml

Anwendung und Wirkung:
Dreimal täglich ein bis zwei EL einnehmen. Durch diesen Saft werden depressive Gedanken beseitigt und Hemmungen aufgelöst. Auch Blockaden, die durch eine zu strenge Erziehung aufgebaut worden sind, können langsam beseitigt werden, jedoch ist mit einer Anwendungsdauer von drei bis vier Monaten zu rechnen.

Kirschkernextrakt und Aprikosenkernextrakt

Die Kirsche heißt auf lateinisch *Prunus cerasus*. Kirschkerne haben einen leicht bitteren Geschmack, so ähnlich wie bittere Mandeln. Die Tinktur, die aus Kirschkernen gewonnen werden kann, ist gegen Husten, Nierenentzündung, Blasensteine, Milzbeschwerden und Eierstockentzündung hilfreich. Aufgrund der anregenden Wirkung auf das Urogenitalsystem werden Kirschkernextrakte auch gegen die männliche Impotenz verwendet. 20 bis 30 Kirschkerne pro Tag reichen aus, um das sexuelle Verlangen anzuregen und die Schwellkörperdurchblutung zu steigern. Dadurch kommt es zu einer deutlich länger anhaltenden Erektion.

Ähnlich wie Kirschkerne wirken auch Aprikosenkerne. Kirsch- und Aprikosenkernextrakte sind imstande, sowohl die männliche als auch die weibliche Sexualität anzuregen. Kirschkernextrakte sind offiziell nicht im Handel erhältlich, sie können nur in bestimmten Apotheken bezogen werden. Es gibt jedoch sehr viele Gesundheitsläden und -geschäfte, die Aprikosenkernextrakt anbieten. Von Aprikosenkernen sollten jedoch nicht mehr als zehn pro Tag in Extraktform verzehrt werden, da sich in den Aprikosenkernen auch toxische Substanzen befinden können. Wenn Aprikosenkerne mit anderen Substanzen gemischt werden, kann es zu keiner Überdosierung kommen und toxische Effekte sind kaum zu verzeichnen.

1. Rezept

Folgende Tinktur hat sich bewährt, um das sexuelle Verlangen bei Frauen anzuregen:

<u>Zutaten:</u>
Aprikosenkernextrakt 20 g
Catuaba 30 g
Extractum Chinae comp. 200 g
Ginsengextrakt 40 g
Pfaffiaextrakt 30 g
Sirupus simplex 500 ml

<u>Anwendung und Wirkung:</u>
Täglich dreimal einen EL vor den Mahlzeiten. Die Mixtur baut Hemmungen ab und steigert das sexuelle Erleben.

2. Rezept

Bei Frauen, die wenig sexuelle Erfahrungen haben und denen das sexuelle Erlebnis wenig Freude bietet, ist folgende Tinktur empfehlenswert:

Zutaten:
Aprikosenkernextrakt 30 g
Capsicumextrakt 30 g
Damiana 40 g
Extractum Colae fluidum 30 g
Enzianwurzel 20 g
Ginseng 30 g
Guarana 20 g
Sägepalmenbeerenextrakt 50 g
Sirupus simplex 500 ml

Anwendung und Wirkung:
Von dieser Tinktur sollten Frauen dreimal einen EL vor den Mahlzeiten einnehmen. Dadurch wird das sexuelle Empfinden angeregt, die Angst vor der Sexualität vergeht und die Orgasmusfähigkeit nimmt beträchtlich zu.

3. Rezept

Können Frauen das sexuelle Erlebnis nicht mehr intensiv wahrnehmen und ist die Libido infolge von Depressionen abgestumpft, sollte folgende Mischung angewandt werden:

Zutaten:
Aprikosenkernextrakt 10 g
Avena sativa 30 g
Catuaba 30 g
Damiana 20 g
Extractum Colae fluidum 30 g
Extractum Ginseng 20 g
Extractum Passiflorae 40 g
Sirupus simplex 500 ml

Anwendung und Wirkung:
Dreimal täglich einen EL vor den Mahlzeiten. Nach ein bis zwei Wochen Anwendungszeit bessert sich das sexuelle Empfinden, die Lustgefühle nehmen zu und die Orgasmusfähigkeit steigt wesentlich.

4. Rezept

Bei Frauen, die Schmerzen während des Geschlechtsaktes empfinden, empfiehlt sich folgende Tinktur:

Zutaten:
Aprikosenkernextrakt 20 g
Damiana 20 g
Eleutherococcus 30 g
Extractum Belladonnae 1 g
Extractum Colae fluidum 100 g
Extractum Hyosciami 1 g
Extractum Passiflorae 20 g
Extractum Pericarpium aurantium 30 g
Extractum Humuli lupuli 10 g
Sirupus simplex 500 ml

Anwendung und Wirkung:
Dreimal täglich einen EL. Nach einer Anwendungszeit von ca. zwei bis drei Wochen verbessert sich die Orgasmusfähigkeit, das sexuelle Verlangen nimmt zu und die Beschwerden während des Verkehrs lassen nach.

5. Rezept

Bleibt während des Verkehrs die Sekretion aus und fühlt sich die Scheide trocken an, dann ist folgende Mischung ratsam:

Zutaten:
Aprikosenkernextrakt 20 g
Catuabatinktur 30 g
Enzianwurzel 30 g
Extractum Colae fluidum 100 g
Haferextrakt 40 g
Löwenzahnwurzelextrakt 30 g
Passionsblumenextrakt 20 g
Sägepalmenbeerenextrakt 30 g
Sirupus simplex 500 ml

Anwendung und Wirkung:
Dreimal einen EL täglich vor den Mahlzeiten. Durch diese Tinktur wird die Sekretion der Cowper'schen Drüsen gesteigert, die Bartholinischen Drüsen sondern mehr Sekret ab, die Schleimabsonderung innerhalb der Scheide nimmt beträchtlich zu. Bei regelmäßiger Anwendung der Tinktur ist es möglich, mehrere Orgasmen nacheinander zu erleben.

6. Rezept

Ist die Scheidenmuskulatur sehr schlaff und die Empfindungsfähigkeit innerhalb der Scheide gering, kann folgende Tinktur helfen:

Zutaten:
Aethanoli deluti 500 g
Aprikosenkernextrakt 10 g
Brennesselwurzelextrakt 20 g
Cayennepfefferextrakt 30 g
Enzianwurzelextrakt 30 g
Haferextrakt 20 g
Mel depuratum 100 g
Sägepalmenbeerenextrakt 30 g
Wermutextrakt 10 g

Anwendung und Wirkung:
Vor den Mahlzeiten dreimal einen EL. Bei dieser Dosierung vermehrt sich der Spannungszustand innerhalb der Scheidenmuskulatur, das sexuelle Empfinden wird intensiver wahrgenommen. Während des Verkehrs kommt es zu einer verbesserten Schleimabsonderung. Die Plateauphase des Orgasmus hält länger an und sinkt verzögert ab. Dadurch wird das sexuelle Empfinden beträchtlich gesteigert, und das Verlangen nimmt zu.

7. Rezept

Wird beim Mann durch eine vergrößerte Prostata das sexuelle Verlangen beeinträchtigt und nimmt die Ejakulatsmenge ab, so sollte folgende Mischung eingenommen werden:

Zutaten:
Aprikosenkernextrakt 10 g
Brennesselwurzelextrakt 30 g
Catuaba 40 g
Damiana 30 g
Extractum Colae fluidum 50 g
Haferextrakt 40 g
Kalmusextrakt 20 g
Pfaffia 10 g
Sirupus simplex 500 ml
Süßholzwurzelextrakt 30 g

Anwendung und Wirkung:
Dreimal zwei TL vor den Mahlzeiten. Nach einer Anwendungszeit von einer Woche nimmt das sexuelle Verlangen zu, die krankhaft vergrößerte Prostata nimmt an Volumen ab und der Extrakt der Samenbläschen zu. Dabei vermehrt sich die Ejakulatsmenge um 20 bis 30 Prozent. Mit der verbesserten Beischlaffähigkeit nimmt auch das Selbstvertrauen wieder zu, so daß von diesem Potenzmittel allgemein eine positive Wirkung ausgeht.

8. Rezept

Vermindert sich bei Männern die Ejakulationsflüssigkeit, ist folgende Mischung anzuwenden:

Zutaten:
Aprikosenkernextrakt 30 g
Capsicum 40 g
Crataegusextrakt 30 g
Damiana 20 g
Extractum Colae fluidum 100 g
Haferextrakt 50 g
Kalmuswurzelextrakt 40 g
Sägepalmenblätterextrakt 30 g
Sirupus simplex 500 ml

Anwendung und Wirkung:
Von dieser Tinktur nehme man vor den Mahlzeiten dreimal zwei EL ein. Wenn der gewünschte Erfolg nach zwei Wochen nicht eintritt, kann die Menge verdoppelt werden, ohne daß unangenehme Nebenwirkungen auftreten. Innnerhalb einer ein- bis zweiwöchigen Anwendungszeit nimmt die Ejakulatsmenge um 20 bis 30 Prozent zu.

9. Rezept

Dauert es relativ lange, bis eine Erektion eintritt und wird diese dann nicht lange durchgehalten, empfiehlt es sich, folgende Mischung in Pulverform einzunehmen. Pro Kapsel zu jeweils 300 mg Substanz beträgt das Mischungsverhältnis:

Zutaten:
Aprikosenkernextrakt 10 %
Catuabaextrakt 20 %
Cayennepfeffer 10 %
Gotu Kola 10 %
Haferextrakt 20 %
Sägepalmenbeerenextrakt 30 %

Anwendung und Wirkung:
Dreimal eine Kapsel vor den Mahlzeiten. Sollte der Erfolg nach einer Woche ausbleiben, kann die Menge ohne weiteres verdoppelt oder verdreifacht werden. Das Ansprechen auf sexuelle Reize wird dadurch verbessert, die Erektion tritt schneller ein, die Schwellkörperdurchblutung wird verbessert, die Orgasmusphase wird bereits nach 10 bis 15 Minuten erreicht und nach einem intensiv erlebten Orgasmus beträgt die Retraktionszeit eine halbe Stunde, bis es zu einem neuerlichen Orgasmus kommen kann. Diese gesteigerte Orgasmusfrequenz hebt das Selbstvertrauen und das Selbstwertgefühl.

10. Rezept

Wenn durch Depressionen das sexuelle Verlangen nachgelassen hat, wirkt folgender Extrakt in Kapselform:

Zutaten:
Aprikosenkernextrakt 10 g
Catuabaextrakt 20 g
Damianaextrakt 20 g
Ginsengextrakt 10 g
Gotu-Kola-Extrakt 10 g
Ingwerextrakt 10 g
Sägepalmenbeerenextrakt 20 g

Anwendung und Wirkung:
Diese Mixtur in Kapselform ist mindestens dreimal täglich vor den Mahlzeiten einzunehmen. Sollte der Körper darauf zuwenig ansprechen, kann die Dosis ohne weiteres verdoppelt oder verdreifacht werden.

11. Rezept

Wenn infolge von Diabetes ein Abfall der sexuellen Leistungsfähigkeit erfolgt, empfiehlt sich diese Mischung in Kapselform:

Zutaten:
Aprikosenkernextrakt 10 mg
Cayennepfeffer 10 mg
Enzianwurzel 10 mg
Fucus vesiculosus 10 mg
Ginseng 10 mg
Kieselerde 20 mg
Löwenzahnwurzelextrakt 10 mg
Sägepalmenbeerenextrakt 10 mg
Uva-ursi-Extrakt 10 mg

Anwendung und Wirkung:
Dreimal täglich eine Kapsel. Je nach Bedarf kann die Dosis unbedenklich auf das zwei- bis dreifache gesteigert werden. Die Zusammenstellung ist so beschaffen, daß Nebenwirkungen bei Zuckerkrankheit auf natürliche Weise beseitigt werden. Außerdem wird die Durchblutung in der Genitalregion verstärkt, wodurch sich das sexuellen Verlangen steigert.

12. Rezept

Beeinträchtigt Altersschwäche das sexuelle Verlangen, ist folgende Kapselzusammenstellung anzuraten:

Zutaten:
Aprikosenkernextrakt 10 mg
Blasentang (Fucus vesiculosus) 10 mg
Centella asiatica minor 10 mg
Damianablätter 10 mg
Ginseng sibiricus 10 mg
Kieselerde 150 mg
Petersilienextrakt 10 mg
Sägepalmenbeerenextrakt 10 mg
Sarsaparillawurzel (Radix sarsaparillae) 10 mg

Anwendung und Wirkung:
Pro Kapsel 150 mg dieser Mixtur mit Gelatine so zubereiten, daß die Dosis sich erst im Dickdarm auflöst. Dann ist sie besonders wirksam. Die empfohlene Tagesmenge liegt bei drei bis sechs Kapseln, die kurz vor den Mahlzeiten zu konsumieren sind. Durch diese Mischung wird die körperliche Energie und Ausdauer gesteigert, das sexuelle Verlangen nimmt zu, Schwäche und Müdigkeit nehmen ab und die körperliche Leistungsfähigkeit wird ganz allgemein stark angeregt.

13. Rezept

Zur Stärkung der männlichen Sexualität im fortgeschrittenen Alter hat sich folgende Zusammensetzung als wirksam erwiesen:

Zutaten:
Aprikosenkernextrakt 10 mg
Ascorbinsäure 50 mg
Damianablätterextrakt 10 mg
Dehydroepiandrosteron (DHEA) 10 mg
Ginseng quinquefolius 10 mg
Ginseng sibiricus 10 mg
Kieselerde 200 mg
Laminaria 10 mg
Methyltestosteron 2 mg
Sägepalmenblätterextrakt 10 mg

Anwendung und Wirkung:
Diese Kapseln sollten dreimal täglich vor den Mahlzeiten eingenommen werden. Innerhalb einer Anwendungszeit von zwei bis drei Wochen sind die ersten Erfolge spürbar. Durch diese Kapseln kommt es zu einer Anregung der Vitalität, der Leistungsfähigkeit und der Ausdauer. Schließlich wird auch das sexuelle Empfinden intensiv gestärkt.

14. Rezept

Kommt es bei Frauen in den Wechseljahren zu Hitzewallungen, hohem Blutdruck und Nachlassen der körperlichen Kraft und Ausdauer sowie zu einer mangelhaften Schleimbildung in der Vagina, ist folgende Kapselzusammensetzung günstig:

Zutaten:
Aprikosenkernextrakt 10 mg
Ascorbinsäure 30 mg
Cimicifuga 10 mg
Cimicifugaextrakt 10 mg
Codonopsis pilosula 10 mg
Ginseng quinquefolius 10 mg
Ginseng sibiricus 10 mg
Gugul 10 mg
Kelp (Algenextrakt) 10 mg
Kieselerde 150 mg
Passiflora 10 mg

Anwendung und Wirkung:
Diese Kapseln zu 150 mg sollten äußerlich aus roter Gelatine bestehen, die sich im Magen schnell auflösen kann. Die Mixtur beeinflußt günstig die Beschwerden der Wechseljahre und ein Nachlassen der sexuellen Funktionen. Die Kapseln nehme man kurz vor den Mahlzeiten mit etwas Flüssigkeit ein.

15. Rezept

Wenn infolge der Wechseljahrbeschwerden starke Hitzewallungen und große Blutdruckschwankungen im Vordergrund stehen, empfiehlt es sich, folgende Zusammenstellung in Kapselform einzunehmen:

Zutaten:
Agnus-castus-Extrakt 10 mg
Aprikosenkernextrakt 10 mg
Ascorbinsäure 30 mg
Cayennepfeffer 20 mg
Cimicifugaextrakt 10 mg
DHEA 10 mg
Enzianwurzel 10 mg
Haferextrakt 10 mg
Kieselerde 200
Passionsblumenextrakt 10 mg

Anwendung und Wirkung:
Diese Kapseln zu 200 mg wirken anregend auf die Libido und können gleichzeitig die häufigsten Wechseljahrbeschwerden günstig beeinflussen. Außerdem kommt es zu einer deutlichen Vermehrung und Intensivierung des sexuellen Empfindens.

16. Rezept

Kommen bei Frauen in den Wechseljahren depressive Stimmungen vor und läßt dadurch das sexuelle Verlangen nach, ist folgende Kapselzusammenstellung vorteilhaft:

Zutaten:
Agnus castus 10 mg
Aprikosenkernextrakt 10 mg
Ascorbinsäure 20 mg
Catuaba 10 mg
Cayennepfeffer 10 mg
Hypericumextrakt 10 mg
Kava-Kava 10 mg
Kieselerde 150 mg
Memecylon 10 mg
Passiflora 10 mg
Pfaffia 10 mg
Sägepalmenbeerenextrakt 10 mg
Smilax officinalis 10 mg
Süßholzwurzelextrakt 10 mg

Anwendung und Wirkung:
Dreimal täglich vor den Mahlzeiten eine Kapsel. Die Mixtur hellt die Stimmung auf, depressive Gedanken lassen schnell nach, der Hormonhaushalt wird ausgeglichen, die Durchblutung der Beckenorgane nimmt zu, die Sekretion der Cowper'schen Drüsen wird gesteigert und das körpereigene Östrogen kann besser verwertet werden. Die Vitalität und das Allgemeinbefinden normalisieren sich und das sexuelle Empfinden wird innerhalb von ein bis zwei Wochen deutlich angeregt. Die Frauen gewinnen wieder Selbstsicherheit, jugendlichen Schwung und Optimismus.

17. Rezept

Leiden Frauen in den Wechseljahren unter Partnerschaftsproblemen und Depressionen, ist folgende Zusammenstellung geeignet, das normale Empfinden wieder herzustellen:

Zutaten:
Aprikosenkernextrakt 10 mg
Avena-sativa-Extrakt 30 mg
Catuaba 10 mg
Cimicifugaextrakt 10 mg
DHEA 20 mg
Hypericum 10 mg
Kava-Kava 10 mg
Kieselerde 150 mg
Passionsblumenextrakt 10 mg
Sägepalmenbeerenextrakt 10 mg
Sarsaparillaextrakt 10 mg

Anwendung und Wirkung:
Die Mixtur verbessert das seelische Empfinden, negative Gedanken können schneller unterdrückt werden. Außerdem verschwinden sexuelle Unlustgefühle innerhalb von zwei bis drei Wochen.

18. Rezept

Folgende Kapselzusammenstellung ist empfehlenswert, wenn bei Frauen innerhalb der Wechseljahre Schweißausbrüche, Stimmungsschwankungen, Hitzewallungen, Blutdruckprobleme, Neigung zu Fettansatz, depressive Gedanken und eine gereizte Stimmungslage auftreten:

Zutaten:

Aprikosenkernextrakt 20 mg
Ascorbinsäure 30 mg
Avena sativa 30 mg
Catuaba 10 mg
Cimicifuga 10 mg
Eleutherococcus 20 mg
Hypericum 10 mg
Kava-Kava 10 mg
Kieselerde 10 mg
Malonggay 10 mg
Memecylon 10 mg
Passionsblumenextrakt 10 mg
Sägepalmenbeerenextrakt 20 mg

Anwendung und Wirkung:

Die Menge von jeweils 200 mg sollte in rote Gelatinekapseln abgefüllt werden, die sich erst im Dünndarm auflösen. Dadurch ist eine optimale Wirkung gewährleistet. Mit Hilfe dieser Mixtur werden Wechseljahrbeschwerden innerhalb von zwei bis drei Wochen auf natürliche Weise beseitigt.

19. Rezept

Bildet sich in den Wechseljahren das Brustdrüsengewebe zurück, läßt die genitale Sekretion immer mehr nach und treten dazu noch Stimmungsschwankungen auf, ist folgende Zusammenstellung anzuraten:

Zutaten:
Acerolaextrakt 20 mg
Aprikosenkernextrakt 10 mg
Avena sativa 10 mg
DHEA 10 mg
Ginseng quinquefolius 10 mg
Ginseng sibiricus 10 mg
Hopfenextrakt 10 mg
Indischer Schlangenwurzelextrakt 10 mg
Kava-Kava-Extrakt 10 mg
Kieselerde 150 mg
Laminaria 10 mg
Nachtkerzenblätterextrakt 10 mg
Passionsblumenextrakt 10 mg
Sägepalmenbeerenextrakt 10 mg

Anwendung und Wirkung:
Diese Zusammenstellung sollte in magenlösliche Gelatinekapseln abgefüllt werden. Kurz vor den Mahlzeiten eine Kapsel täglich einnehmen. Die Anwendung ist am besten kurmäßig über einen Zeitraum von vier bis fünf Wochen durchzuführen, um die optimale Wirksamkeit zu erreichen. Die Libido wird angeregt, die depressiven Stimmungen lassen nach und Blutdruckschwankungen werden ausgeglichen. Die sexuelle Erlebnisfähigkeit wird auf angenehme Weise erhöht.

20. Rezept

Hat infolge von Herzbeschwerden das sexuelle Verlangen nachgelassen, ist folgende Mischung empfehlenswert:

Zutaten:
Leonurus cardiaca 10 mg
Aprikosenkernextrakt 10 mg
Cactus grandiflorus 10 mg
Catuaba 20 mg
Cayennepfeffer 10 mg
Ginseng quinquefolius 10 mg
Ginseng sibiricus 10 mg
Kalmuswurzelextrakt 10 mg
Weißdornextrakt 10 mg

Anwendung und Wirkung:
Dreimal eine Kapsel zu 100 mg sollten vor den Mahlzeiten konsumiert werden. In schweren Fällen können bis zu dreimal drei Kapseln täglich eingenommen werden. Die Wirkung ist bei Männern und Frauen gleich anregend. Es kommt zu einer verbesserten Herzleistung, zu einer intensiveren Durchblutung der inneren Organe, wobei auch das kleine Becken ausreichend mit Blut versorgt wird. Bei Männern wird die Durchblutung der Schwellkörper verstärkt. Bei Frauen nimmt die Durchblutung der Klitoris und der anderen Genitalorgane zu. Damit ist ein intensives sexuelles Erleben wieder möglich.

21. Rezept

Kommt es infolge von Diabetes zu einer verminderten sexuellen Erlebnisfähigkeit, ist folgende Kapselform imstande, das sexuelle Verlangen zu steigern:

Zutaten:
Aprikosenkernextrakt 10 mg
Catuaba 10 mg
Cayennepfeffer 10 mg
Cinnamomum 10 mg
Crataegusextrakt 10 mg
Kalmusextrakt 10 mg
Pfaffia 10 mg
Terra silicea 20 mg
Zinkorotat 10 mg

Anwendung und Wirkung:
Diese Kapseln vertiefen auch bei zuckerkranken Männern und Frauen die sexuelle Erlebnisfähigkeit. Bei regelmäßiger Einnahme kommt es beim Geschlechtsverkehr wieder zum Orgasmus.

22. Rezept

Hat das sexuelle Verlangen infolge von Streß, Zeitdruck und Überarbeitung nachgelassen, ist folgende Kapselform erfolgversprechend:

Zutaten:
Aprikosenkernextrakt 10 mg
Basilikum 10 mg
Brennesselwurzelextrakt 10 mg
Codonopsis pilosula 10 mg
Crataegus 10 mg
Damiana 10 mg
Eleutherococcus 10 mg
Hypericum 10 mg
Calamus 10 mg
Kava-Kava 10 mg
Kieselerde 150 mg
Memecylon ovata 10 mg

Anwendung und Wirkung:
Die Mischung ist in rote Gelatinekapseln abzufüllen. Die Dosis beträgt von täglich dreimal eine bis dreimal drei Kapseln. Das sexuelle Verlangen läßt sich am besten steigern, wenn die Mischung über sechs bis acht Wochen kurmäßig eingenommen wird. Die Erhaltungsdosis liegt bei zweimal eine Kapsel am Tag.

Pedalium murex

Die Pflanze wird auf malaiisch *Burra-gokeroo* genannt. Dieses Gewächs findet sich an südseitigen Hängen in Höhen von 500 bis 1000 Metern. Es enthält ätherische Öle, die das zentrale Nervensystem anregen. Die Öle können in einer Tinktur, einem Extrakt oder Tee verwendet werden. Sie steigern die sexuelle Bereitschaft. Gleichzeitig wirkt Pedalium murex gegen Protozoen, gegen Infektionen und Entzündungen der Harnwege. Auch die Bildung des Prostatasekretes wird durch Pedalium murex gefördert.
Die sexuell anregende Wirkung von Pedalium murex besteht in einer direkten Stimulation des Nervensystems. Die anregende Wirkung ist so ähnlich wie bei Strychnin, jedoch ohne gefährliche Nebenwirkungen. Die potenzsteigernde Wirkung von Pedalium murex ist ungefähr fünfmal so stark wie die vom Yohimben.

1. Rezept

Um die Spermienzahl zu erhöhen, sollte folgende Tinktur verwendet werden:

<u>Zutaten:</u>
Extractum Catuaba 50 g
Extractum Ginseng 30 g
Solutio ferri aromatici 300 ml
Tinctura Avena sativa 50 g
Tinctura Pedalium murex 30 g

Anwendung und Wirkung:
Es empfiehlt sich, von dieser Tinktur täglich dreimal zwei TL einzunehmen. Bereits nach der ersten Woche macht sich eine Steigerung der Libido bemerkbar. Nach ungefähr sechs Wochen Anwendungszeit verbessert sich auch die Spermienzahl, und die Beweglichkeit der Spermatozoen nimmt zu.

2. Rezept

Um die weibliche Sexualität anzuregen, ist folgende Mischung ratsam:

Zutaten:
Extractum Ginseng 30 g
Pedalium murex 100 g
Tinctura Calamae 50 g
Tinctura Centella asiatica minor 20 g
Vinum chinae comp. 500 ml

Anwendung und Wirkung:
Von diesem Stärkungsmittel sollten täglich dreimal zwei EL verwendet werden. Nach wenigen Wochen zeigt sich eine Steigerung der Lust und eine erhöhte Bereitschaft zum Sexualverkehr.

3. Rezept

Bei Frigidität und fehlender Sekretbildung in der Vagina ist folgende Mischung hilfreich:

Zutaten:
Extractum Colae fluidum 30 g
Extractum Ginseng 40 g
Extractum Guarana 40 g
Extractum Pedalium murex 50 g
Vinum medicinalis 500 ml

Anwendung und Wirkung:
Von dieser Mischung ca. eine halbe Stunde vor dem Verkehr 125 ml trinken. Nach drei bis vier Wochen Anwendungszeit zeigt sich deutlich die positive Wirkung der Zusammenstellung.

4. Rezept

Wenn in den Wechseljahren der Frau Hitzewallungen bestehen und das Verlangen nach Sexualität abnimmt, sollte folgende Mischung getrunken werden:

Zutaten:
Extractum Cimicifuga 30 g
Extractum Ginseng 20 g
Extractum Guarana 50 g
Sirupus simplex 500 ml
Tinctura Alchemillae alpinae 30 g
Tinctura Pedalium murex 40 g

Anwendung und Wirkung:
Vor dem Schlafengehen ein kleines Schnapsglas voll konsumieren. Diese geringe Menge reicht schon aus, um die Sexualität auf angenehme Weise zu steigern und Beschwerden der Wechseljahre zu beseitigen.

Polygonum multifloris

Auf englisch heißt diese Pflanze *Fleece flower root*, auf chinesisch *Shu-ku* oder *Ho-shu-niao*. Der österreichische Botaniker Wallnöfer hat sie in seinem Buch über chinesische Volksmedizin ausführlich beschrieben und dabei auch erwähnt, daß Polygonum multifloris seit Generationen in China dazu verwendet wird, die Lustempfindung auf angenehme Weise bei beiden Geschlechtern deutlich anzuregen.

Das Mittel wirkt allein als Wurzelextrakt oder in Kombination mit anderen Mitteln recht stark. Nach zwei- bis dreiwöchiger Anwendungszeit ist mit einem positiven Effekt zu rechnen. Die Durchblutung im kleinen Becken wird bei beiden Geschlechtern aktiviert. Bei Männern schwillt eine krankhaft vergrößerte Prostata ab, die Funktion des Nebenhodens wird gestärkt, ebenso die Aktivität der Samenbläschen, das Prostatasekret wird flüssiger und in größerer Menge ausgeschieden. Die Quantität und die Qualität der Samenflüssigkeit nimmt zu. Die Beweglichkeit der einzelnen Samenfäden steigert sich, die Anzahl der mißgebildeten Samen nimmt nachweisbar ab.

Interessant und erwähnenswert ist, daß auch bakterielle oder andere krankhafte Besiedelungen der Harnröhre verschwinden. Damit verringert sich bei beiden Geschlechtern die Neigung zu Harnweginfekten und Blasenentzündungen erheblich. Frauen werden von sexuellen Reizen besser stimuliert. Das gilt auch für Frauen, die von Natur aus sehr wählerisch sind. Der Grund liegt in einer vermehrten Sekretion der Drüsen, die sich am Scheidenausgang befinden. Auch die Aktivität der Cowper'schen Drüsen wird angeregt.

Bemerkenswert ist außerdem, daß bei Frauen Ausfluß, bakterielle Besiedelung der Scheide, Protozoeninfektionen und andere unangenehme Krankheiten des weiblichen Genitals innerhalb kurzer Zeit beseitigt werden können. Das normale Scheidenmilieu ist in kurzer Zeit wieder hergestellt. Wenn von dieser Wurzel ein

Tee getrunken wird, kann innerhalb von drei bis vier Wochen sogar ein gelblicher oder bräunlicher, übelriechender Ausfluß voller Bakterien, Protozoen und Viren vergehen und das Scheidensekret wieder klar werden.
Unabhängig von der besseren Durchblutung des kleinen Beckens wird bei Frauen auch das Limbische System aktiviert, so daß allein schon optische Eindrücke schneller zu sexuellen Reaktionen führen. Auch Frauen, die sehr schwer zu einem Orgasmus kommen, können durch dieses Mittel auf natürliche Weise stimuliert werden, ohne daß die Genitalien überreizt werden. Soll das Mittel auch gegen Candidapilze wirken, ist es unbedingt mit Uncaria tomentosa, mit Lavelozextrakt oder Aloe-vera-Extrakt zu kombinieren, um einen optimalen Erfolg zu erzielen.

1. Rezept

Um die Sexualität anzuregen und um bakterielle Infektionen zu verhindern, sollten folgende Kapseln eingenommen werden:

Zutaten:
Avena sativa 30 mg
Brennesselsamenextrakt 20 mg
Catuaba 10 mg
Cayennepfeffer 20 mg
Cinnamomum 20 mg
Damiana 10 mg
Ginseng quinquefolius 10 mg
Ginseng sibiricus 10 mg
Kieselerde 200 mg
Polygonum multifloris 10 mg
Pfaffia 10 mg
Sägepalmenextrakt 10 mg

Anwendung und Wirkung:
Die Dosis beträgt täglich dreimal eine Kapsel. Die Anwendungszeit sollte mindestens zwei bis drei Monate betragen, bis sich die erwartete Wirkung einstellt.

2. Rezept

Hat bei Frauen infolge schwieriger Geburten das Interesse am Geschlechtsverkehr nachgelassen, ist folgender Tee empfehlenswert:

Zutaten:
Calamus 20 g
Catuaba 30 g
Einhornwurzel 30 g
Ginseng quinquefolius 30 g
Ginseng sibiricus 30 g
Guarana 50 g
Humulus lupulus 30 g
Polygonum multifloris 20 g
Pfaffia 20 g

Anwendung und Wirkung:
Einen TL auf 500 ml Wasser vier bis fünf Minuten kochen und auf kleiner Flamme eine Weile weiterkochen, anschließend eine halbe Stunde lang ziehen lassen. Abseihen und mit Honig gesüßt vor den Mahlzeiten trinken. In diesem Tee sind Spurenelemente, Wirkstoffe und Mineralstoffe enthalten, die das sexuelle Verlangen der Frauen steigern, Hemmungen abbauen und negative Gedanken beseitigen, die die Libido blockieren können. Um die volle Wirksamkeit dieser Mischung zu erreichen, sollte der Tee mindestens sechs Monate lang regelmäßig eingenommen werden.

3. Rezept

Leiden Frauen unter totaler Erschöpfung und werden die Pflichten als Belastung erlebt, kommen Sorgen und Probleme hinzu, die das Geschlechtsleben verdrängen, kann folgende Kapselmischung weiterhelfen:

Zutaten:
Avena sativa 30 mg
Brennesselsamenextrakt 10 mg
Cactus grandiflorus 20 mg
Calamus 10 mg
Catuaba 20 mg
Einhornwurzel 10 mg
Ginseng quinquefolius 10 mg
Kieselerde 200 mg
Passionsblumenextrakt 20 mg
Polygonum multifloris 20 mg
Pfaffia 30 mg
Sägepalmenbeerenextrakt 20 mg

Anwendung und Wirkung:
Diese Kapseln dreimal täglich vor den Mahlzeiten mit etwas Flüssigkeit einnehmen. Mit einem ersten Erfolg ist innerhalb von drei bis vier Wochen zu rechnen, jedoch sollte die Behandlung noch weiter fortgesetzt werden, um das positive Ergebnis zu festigen. In schweren Fällen kann die Dosis verdoppelt oder verdreifacht werden. Innerhalb einer drei- bis vierwöchigen Anwendungszeit verbessert sich das Immunsystem, die Anzahl der T-Lymphozyten nimmt zu, die natürlichen Killerzellen vermehren sich.
Rein äußerlich ist festzustellen, daß Frauen, die diese Kapseln einnehmen, einen strahlenden Gesichtsausdruck bekommen, die Augen leuchten, das Haar wird glänzend, auch wenn es vorher matt und glanzlos war. Auch die Fingernägel werden härter, denn

mit der Kapselmischung werden dem Körper wichtige Mineralstoffe zugeführt. Außerdem ist bemerkenswert, daß das Interesse an der Sexualität zunimmt, das andere Geschlecht wird wieder als interessant und liebenswert empfunden. Sexuelle Reize sprechen schneller an, falsche Hemmungen, die in der Kindheit aufgebaut wurden, verlieren langsam an Einfluß.

Die Wirkung dieser sorgfältig ausgewählten Kapselzusammenstellung wird durch eine speziell ausgesuchte Diät (siehe Seite 261) noch gesteigert.

Sarsaparilla

Diese Pflanze kommt im tropischen Amerika vor, hauptsächlich in Panama, Ecuador, Venezuela und Kolumbien. Die botanische Bezeichnung ist *Smilax officinalis*, die Drogenbezeichnung für die Wurzel lautet *Radix sarsaparillae*. Die Wurzeln dieser Pflanze werden von den Eingeborenen Mexikos und Mittelamerikas zerkleinert, gekocht, gegessen und der Absud getrunken. Mit den pflanzlichen Inhaltsstoffen läßt sich jede Art von körperlicher Schwäche und Müdigkeit überwinden. Die in der Sarsaparilla natürlich vorkommenden Steroidhormone regen die körpereigene Testosteron-, Östrogen- und DHEA-Produktion an.
Sarsaparillawurzeln können auch dazu verwendet werden, Testosteron herzustellen. Durch die regelmäßige Einnahme der Sarsaparillastruktur kann das sexuelle Verlangen gesteigert werden. Es kommt auch zu einer Längen- und Volumenzunahme der männlichen Genitalien, wenn diese Tinktur konsequent konsumiert wird. Besonders wirksam ist die Tinktur in Kombination mit anderen, ähnlich wirkenden Mitteln.

1. Rezept

Hier ein Rezeptbeispiel, das sich bei Frühjahrsmüdigkeit, nachlassender Potenz und verringerter Lust bewährt hat:

<u>Zutaten:</u>
Extractum Colae fluidum 200 ml
Sirupus simplex 500 ml
Tinctura Eleutherococcus 50 ml
Tinctura Ginseng 50 ml
Tinctura Sarsaparilla 30 ml

<u>Anwendung und Wirkung:</u>
Täglich dreimal 125 ml von dieser Tinktur jeweils vor den Mahlzeiten einnehmen. Dadurch kommt es zu einem Anstieg von DHEA im Serum und gleichzeitig auch im Speichel. Das sexuelle Verlangen nimmt zu, die Ausdauer steigt, jede Art von körperlicher Schwäche kann mit dieser Tinktur überwunden werden. Sarsaparilla enthält auch Vorstufen von Cortison und Progesteron. Damit ist die Tinktur auch für Frauen vorteilhaft.

2. Rezept

Für Frauen ist besonders folgende Zusammenstellung günstig:

Zutaten:
Extractum Colae fluidum 250 ml
Ginseng quinquefolius 40 ml
Sägepalmenbeerenextrakt 60 ml
Sarsaparilla 60 ml

Anwendung und Wirkung:
Von dieser Mischung reichen für Frauen dreimal ein EL vor den Mahlzeiten. Bei einer Anwendungsdauer von mindestens einem Jahr ist der größte Erfolg zu erwarten. Die Behandlung darf nicht unterbrochen werden, um den langsamen Wirkungseintritt nicht aufzuhalten. Die Einnahme von Sarsaparillapräparaten hat übrigens gegenüber synthetischen Testosterongaben den Vorteil, daß kein Gewöhnungseffekt eintritt. Denn nach der Unterbrechung der Zufuhr einer synthetischen Testosterongabe kommt es zu einem Nachlassen der körpereigenen Testosteronproduktion. Dies ist bei einer regelmäßigen Einnahme von Sarsaparillapräparaten nicht der Fall.

3. Teerezept

Lassen körperliche Schwäche und Müdigkeit sowie ein fortgeschrittenes Alter bei Männern die Potenz sinken, ist folgende Teezusammenstellung vorteilhaft:

Zutaten:
Catuabapulver 30 g
Ginsengwurzel 20 g
Guaranapulver 20 g
Sarsaparillawurzel 10 g

Zubereitung und Wirkung:
Den Tee – 1 TL auf 250 ml Wasser – zwei bis drei Minuten kochen, 30 Minuten lang ziehen lassen und dann abseihen. Die Mischung kann mit Honig gesüßt getrunken werden. Drei bis sechs Tassen täglich bringen innerhalb von zwei bis drei Wochen den gewünschten Erfolg. Der Tee kann unbedenklich als Langzeitbehandlung eingenommen werden.

4. Teerezept

Treten bei Frauen starke Regelkrämpfe auf und vermindern Bauchbeschwerden und Muskelverspannungen die sexuelle Lust, ist folgende Teemischung zu empfehlen:

Zutaten:
Brennesselwurzel 30 g
Catuaba 30 g
Kalmuswurzel 30 g
Meisterwurz 30 g
Sägepalmenbeeren 20 g
Sarsaparillawurzel 40 g

Anwendung und Wirkung:
1 TL auf 250 ml Wasser zwei bis drei Minuten lang kochen und 30 Minuten zugedeckt ziehen lassen, abseihen und mit Waldhonig gesüßt vor den Mahlzeiten konsumieren. Am besten ist die Wirkung des Tees dann, wenn er eine Woche vor der Periode regelmäßig eingenommen wird. Die tägliche Trinkmenge sollte nicht unter einem halben Liter liegen.

5. Rezept

Wenn die Libido der Frau durch Lust-, Antriebs- und Interesselosigkeit gekennzeichnet ist, sollten folgende Kapseln eingenommen werden:

Zutaten:
Avena sativa 30 mg
Cayennepfeffer 20 mg
Cinnamomum 20 mg
Kalmus 20 mg
Kava-Kava 20 mg
Kieselerde 250 mg
Meisterwurzextrakt 20 mg
Methylcellulose 10 mg
Sägepalmenbeerenextrakt 30 mg
Sarsaparillawurzelextrakt 20 mg

Anwendung und Wirkung:
Je nach Schweregrad der Symptome sollten zwei bis drei Kapseln täglich eingenommen werden, am besten zehn Minuten vor den Mahlzeiten. Mit etwas Mineralwasser lassen sich die Kapseln leichter schlucken.

6. Rezept

Beeinträchtigen bei Frauen Kopfschmerzen, Schwindelgefühl, Migräne und leichtere Depressionen das Lustempfinden, ist zu folgenden Kapseln zu raten:

Zutaten:
Avena-sativa-Extrakt 20 mg
Brennesselwurzelextrakt 20 mg
Calamus 20 mg
Cayennepfeffer 20 mg
Cinnamomum 20 mg
Ginseng sibiricus 20 mg
Kieselerde 250 mg
Matricaria 20 mg
Ginseng quinquefolius 20 mg
Sägepalmenextrakt 20 mg
Sarsaparillawurzelextrakt 20 mg

Anwendung und Wirkung:
Die Dosis beträgt dreimal täglich zwei Kapseln vor den Mahlzeiten. Für einen bestmöglichen Erfolg sollte die Einnahmedauer mindestens vier bis fünf Monate betragen. Doch ist bereits nach einer täglichen Einnahme von sechs Kapseln innerhalb von ein bis zwei Wochen eine deutliche Besserung der Beschwerden zu erwarten.
Die Zusammenstellung dieser Kapseln führt zu einer erhöhten körpereigenen Hormonproduktion, DHEA im Serum nimmt zu, die Funktion der Eierstöcke wird verbessert, die Durchblutung der Organe im kleinen Becken angeregt. Ebenso wird auch das Limbische System stimuliert, so daß sexuelle Reize intensiver aufgenommen werden. Die Lust und die Freude an der Sexualität nehmen beträchtlich zu.

7. Rezept

Bewirken bei Frauen Wechseljahrbeschwerden und verminderte Hormonproduktion ein Nachlassen der geschlechtlichen Lust, sollten folgende Kapseln eingenommen werden:

Zutaten:
Avena sativa 20 mg
Basilikum 10 mg
Cayennepfeffer 20 mg
Cinnamomum 20 mg
DHEA 10 mg
Kalmuswurzelextrakt 20 mg
Kieselerde 250 mg
Methylcellulose 20 mg
Nachtkerzenölextrakt 20 mg
Sägepalmenbeerenextrakt 20 mg
Sarsaparillawurzel 20 mg

Anwendung und Wirkung:
Diese Kapseln dreimal täglich mit etwas Flüssigkeit schlucken. Am besten erfolgt die Einnahme eine halbe Stunde vor den Mahlzeiten. Die Anwendungsdauer sollte bei einem halben bis einem Jahr liegen. Dadurch kann der optimale Erfolg erreicht werden. Die Kapselzusammenstellung regt die körpereigene Östrogenproduktion an. Die Zentren im Limbischen System, die für die Sexualität verantwortlich sind, werden stimuliert, das Ansprechen auf sexuelle Reize jeder Art bessert sich. Außerdem nimmt die Durchblutung der Beckenorgane zu und die Ausscheidung der Genitalsekrete steigert sich erheblich. Das wirkt sich positiv auf die Libido aus.

8. Rezept

Lassen bei Frauen Depressionen, Niedergeschlagenheit, Blutarmut, körperliche Schwäche, Überforderung im Beruf und Sorgen verschiedener Art die Freude am Geschlechtsverkehr schwinden, kann zu folgenden Kapseln geraten werden:

Zutaten:
Avena sativa 20 mg
Brennesselwurzelextrakt 20 mg
Catuaba 20 mg
Ginseng quinquefolius 20 mg
Ginseng sibiricus 20 mg
Hypericum 20 mg
Kava-Kava 20 mg
Kieselerde 250 mg
Passionsblumenextrakt 20 mg
Sägepalmenextrakt 20 mg
Sarsaprillawurzelextrakt 20 mg

Anwendung und Wirkung:
Diese Kapseln sollten dreimal täglich eingenommen werden. In leichteren Fällen genügen dreimal zwei, bei stärkeren Beschwerden dreimal drei Einheiten. Als Erhaltungstherapie nach längerer Anwendungszeit reichen dreimal eine Kapsel aus. Sie sollten mit reichlich Flüssigkeit eingenommen werden. Die Wirkstoffe werden am besten verwertet, wenn man sie dem Körper eine Viertelstunde vor den Mahlzeiten zuführt. Innerhalb von zwei Wochen hebt sich die Stimmungslage, die körperliche Kraft und Ausdauer nehmen zu, die Niedergeschlagenheit, das seelische Tief und Antriebslosigkeit werden beseitigt. Das Ansprechen auf geschlechtliche Reize wird um 30 bis 40 Prozent verbessert und auch die sexuellen Phantasien nehmen zu.

9. Rezept

Wenn infolge von Herzschwäche, Diabetes und zunehmenden Alters die Libido langsam nachläßt, sollten folgende Kapseln eingenommen werden:

Zutaten:
Brennesselwurzelextrakt 10 mg
Catuaba 20 mg
Chrom Picolinat 10 µg
Cinnamomum 30 mg
DHEA 10 mg
Ginseng quinquefolius 20 mg
Ginseng sibiricus 20 mg
Gugul 5 mg
Kava-Kava 10 mg
Kieselerde 250 mg
Methylcellulose 30 mg
Molybdän 1µg
Pfaffia 10 mg
Sarsaparillawurzeln 30 mg
Selenium 2 µg
Yohimbenwurzel 20 mg
Zinkorotat 10 mg

Anwendung und Wirkung:
Diese Kapseln zeigen die beste Wirkung bei beiden Geschlechtern, wenn die Einnahmedauer bei sechs bis acht Monaten liegt. Doch nach bereits zwei- bis dreiwöchiger Einnahmezeit spricht der Konsument wesentlich besser auf sexuelle Reize an. Das geschlechtliche Verlangen wird gesteigert, die Ausdauer nimmt zu und der Geschlechtsverkehr wird insgesamt als befriedigend und erstrebenswert erlebt. Dadurch wächst bei beiden Geschlechtern das Selbstvertrauen. Auch die Erschöpfung, die manchmal nach dem

Akt auftritt, läßt nach und weicht einer angenehmen Ausgeglichenheit. Als Erhaltungstherapie genügen dreimal eine Kapsel, die eine halbe Stunde vor den Mahlzeiten eingenommen wird. Zu Beginn der Behandlung sind manchmal dreimal drei Kapseln notwendig, um eine rasche Besserung der Beschwerden zu erreichen.

10. Rezept

Wenn nach schweren Operationen noch Schmerzen vorhanden sind, die die Sexualität beeinträchtigen, und wenn das Allgemeinbefinden geschwächt ist, ist die Lust am Geschlechtsverkehr meist stark vermindert. In diesem Fall helfen folgende Kapseln:

<u>Zutaten:</u>
Ascorbinsäure 50 mg
Catuabaextrakt 30 mg
DHEA 10 mg
Gugul 20 mg
Kalmusextrakt 20 mg
Kieselerde 300 mg
Meisterwurz 20 mg
Passionsblumenextrakt 20 mg
Pfaffia 20 mg
Sägepalmenextrakt 20 mg
Sarsaparillawurzelextrakt 20 mg
Yohimbenrinde 20 mg

<u>Anwendung und Wirkung:</u>
Die Kapseln sind eine halbe Stunde vor den Mahlzeiten zu konsumieren. Als Anfangsdosis sind dreimal zwei Kapseln täglich empfehlenswert. Als Dauertherapie kann die Menge auf drei Kapseln pro Tag reduziert werden. Um einen optimalen Erfolg zu erreichen, sollte diese Mixtur mindestens ein halbes Jahr lang einge-

nommen werden. Im Verlaufe dieser Zeit nimmt die Vitalität zu, das Immunsystem wird aufgebaut, die körperliche Kraft, die Ausdauer und die Erregung durch sexuelle Reize werden gesteigert. Der Geschlechtsverkehr wird als intensiv und befriedigend erlebt. Auch die Orgasmusfähigkeit und -häufigkeit nehmen zu. Bei Männern kommt es zu einer gehäuften Koitusfrequenz. Frauen können nach zwei- bis dreimonatiger Anwendungszeit Höhepunkte mehrfach hintereinander erleben.

11. Rezept

Ist bei Frauen durch eine strenge Erziehung, durch negative Erlebnisse das Interesse an der Sexualität stark behindert, sollte folgendes Elixier eingenommen werden:

Zutaten:
Cinnamomumextrakt 30 g
Eleutherococcusextrakt 20 g
Extrakt Colae fluidum 50 g
Ginsengextrakt 30 g
Guarana 20 g
Honig 50 g
Pfaffia 30 g
Sägepalmenbeerenextrakt 20 g
Sarsaparillaextrakt 30 g
Sirupus simplex 500 ml

Anwendung und Wirkung:
Von diesem wohlschmeckenden Elixier sollten vor den Mahlzeiten zwei bis drei EL konsumiert werden. Dabei gewinnen sexuelle Reize wieder an Bedeutung und der Geschlechtsverkehr wird mit Genuß erlebt.

12. Teerezept

Ist die Libido durch Trichomonaden und Entzündungen der Genitalorgane vermindert, empfiehlt sich folgende Teezusammenstellung:

Zutaten:
Calamus 30 g
Catuaba 30 g
Lavelozrinde 30 g
Meisterwurz 30 g
Rosmarin 30 g
Sarsaparillawurzel 20 g

Anwendung und Wirkung:
Von dieser Mischung einen EL auf 250 ml Wasser kurz aufkochen (zwei bis drei Minuten). Danach eine halbe Stunde lang ziehen lassen, durch einen Papier- oder Keramikfilter abseihen und mit Honig gesüßt zu den Mahlzeiten trinken. Der Tee regt die Durchblutung der Sexualorgane an, die körpereigene Abwehrkraft nimmt zu, der Harnfluß wird vermehrt, die Selbstreinigungsmechanismen der Schleimhäute des Genitaltraktes verbessern sich. Der Säure-Basen-Wert des Urins wird auf einen optimalen Wert eingestellt, so daß sich Protozoen nicht mehr so schnell vermehren können und der Körper die Kontrolle über die Entzündungsvorgänge erreicht. Auch das körpereigene Immunsystem wird stimuliert. Die natürlichen Killerzellen nehmen zu. Die Werte des Immunsystems haben sich nach zweimonatiger Anwendungszeit des Tees normalisiert. Auch eine Leukozytenzahl, die vor der Behandlung erhöht war, erreicht bei regelmäßiger Teeanwendung wieder einen normalen Stand. Wenn das Wachstum der Trichomonaden eingeschränkt ist, kommt es schnell zum Nachlassen der Beschwerden, womit sich die Sexualität wieder normal entfalten kann.

13. Rezept

Ist der Geschlechtstrieb durch einen Chlamydienbefall stark vermindert, sollte folgende Kapselform regelmäßig eingenommen werden:

Zutaten:
Calamus 20 mg
Catuaba 20 mg
Gugul 20 mg
Kieselerde 300 mg
Lavelozextrakt 20 mg
Memecylon 20 mg
Pfaffia 20 mg
Sarsaparilla 20 mg
Una de gato 30 mg
Zinkorotat 20 mg

Anwendung und Wirkung:
Vor den Mahlzeiten eingenommen verbessern diese Kapseln die Abwehrlage des Körpers. Entzündungen, die durch Protozoenbefall ausgelöst wurden, können gezielt bekämpft werden. Die Harnflut wird vermehrt, die Durchblutung der Sexualorgane gesteigert. Nach einer Anwendungszeit von drei bis vier Monaten ist der Körper so widerstandsfähig, daß die Chlamydieninfektion überwunden ist. Erst nach dieser Zeit kann sich die Sexualität wieder normal entwickeln und das Geschlechtsleben lustvoll erlebt werden.

14. Rezept

Wenn bei Männern der Geschlechtstrieb infolge von hohen Cholesterin- und Triglyceridwerten sowie angestiegenen Leberwerten vermindert ist, wobei im kleinen Becken bereits Durchblutungsstörungen festzustellen sind, sollte folgende Kapselform verwendet werden:

Zutaten:
Caigua 10 mg
Catuaba 20 mg
Cayennepfeffer 10 mg
DHEA 10 mg
Lavelozextrakt 10 mg
Malonggay 10 mg
Methylcellulose 250 mg
Pasuchaca 20 mg
Sägepalmenbeerenextrakt 20 mg
Sarsaparilla 20 mg
Zinkorotat 20 mg

Anwendung und Wirkung:
Diese Kapseln sind dreimal täglich vor den Mahlzeiten zu konsumieren. In leichteren Fällen genügen dreimal eine Kapsel, in schweren Fällen kann die Dosis bis zu dreimal drei Kapseln täglich gesteigert werden. Nach einer Anwendungszeit von zwei bis drei Monaten normalisieren sich langsam die erhöhten Blutfettwerte. Dadurch wird die Durchblutung im kleinen Becken besser angeregt. Das ist die Voraussetzung für eine sich wieder normal entwickelnde Sexualität.

Besondere Tips:

Sollte diese Kapselform nicht ausreichen, kann dazu folgender Tee getrunken werden:

Zutaten:
Brennesselsamenpulver 20 g
Brennesselwurzelpulver 30 g
Catuaba 30 g
Lavelozrinde 50 g
Pfaffia 20 g
Una de gato 30 g

Anwendung und Wirkung:
Von diesem Teepulver ein TL auf einen halben Liter Wasser kurz aufkochen (zwei bis drei Minuten), dann zugedeckt eine halbe Stunde ziehen lassen, abseihen und mit Honig gesüßt vor den Mahlzeiten trinken. Auch dieser Tee sollte mindestens ein halbes bis ein dreiviertel Jahr lang konsumiert werden, um eine optimale Wirkung zu erreichen.

Sollten die Kapseln, der Tee und eine fettarme Kost nicht ausreichen, um die Blutfettwerte zu normalisieren, ist vor den Mahlzeiten oder anstelle der Mahlzeiten, z. B. des Abendessens, folgende Säftemischung anzuraten:

Zutaten:
2 Karotten
1 Banane
1 Zitrone
2 Datteln
1 cm Ingwerwurzel
750 ml Wasser

Anwendung und Wirkung:
Diese Mischung in einem Mixer drei bis vier Minuten auf höchster Stufe homogenisieren. Der Saft sollte bei hohem Blutdruck täglich konsumiert werden. Sind die Blutfettwerte nach einer Anwendungsdauer von zwei bis drei Monaten noch nicht abgesunken, könnte eventuell eine erbliche Stoffwechselstörung vorliegen. Es sollte dann in einem medizinischen Labor eine Lipidelektrophorese durchgeführt werden. Wenn die Gefahr für einen Herzinfarkt besteht, ist auch das Fibrinogen zu bestimmen. Dabei läßt sich feststellen, ob die Blutgerinnung im normalen Bereich liegt. Je nach den Blutbefunden sollte die Säftekur weitergeführt werden, denn sie versorgt den Körper mit wertvollen Spurenelementen und Mineralstoffen. Die Sexualität kann so auf natürliche Weise wieder angeregt und eine bestehende Fettstoffwechselstörung korrigiert werden. Eventuelle Cholesterinablagerungen in den Beckenorganen lösen sich auf. Dadurch können auch Libido- oder Erektionsprobleme innerhalb eines halben Jahres beseitigt werden.

15. Rezept

Hat eine Bindegewebsveränderung den Penisschaft gekrümmt und seitlich verzogen, sollte folgende Kapselform eingenommen werden:

Zutaten:
Caigua 10 mg
Chrom Picolinat 3 µg
Cinnamomum 20 mg
DHEA 10 mg
Eisen 5 mg
Germanium 10 µg
Ginseng quinquefolius 10 mg
Ginseng sibiricus 10 mg
Lavelozextrakt 20 mg
Methylcellulose 300 mg
Molybdän 10 µg
Pasuchaca 10 mg
Pfaffia 20 mg
Sarsaparillawurzel 20 mg
Selen 5 µg
Una de gato 20 mg
Zinkorotat 20 mg

Anwendung und Wirkung:
Diese Kapseln sind mindestens ein halbes Jahr zu konsumieren. In leichteren Fällen genügt als Dosis dreimal eine Kapsel. Bei schweren Fällen sollte die Anwendungsdauer drei bis vier Jahre währen. Die Tagesration beträgt dreimal zwei bis maximal dreimal drei Kapseln. Auf diese Weise läßt sich das Leiden, das auch als *Induratio penis plastica* bezeichnet wird, im Anfangsstadium günstig beeinflussen und eventuell sogar ganz ausheilen.

16. Teerezept

Wenn es infolge von Gebärmutteroperationen zu einem gestörten Hormongleichgewicht gekommen ist und das sexuelle Verlangen stark nachgelassen hat, sollten Frauen folgende Teemischung einnehmen:

Zutaten:
Achillea moschata 40 g
Alchemilla 20 g
Avena sativa 30 g
Cimicifuga 30 g
Matricaria 30 g
Meisterwurz 30 g
Sarsaparillawurzel 20 g

Anwendung und Wirkung:
Eine Messerspitze dieses Teepulvers auf eine Tasse Wasser zwei bis drei Minuten aufkochen, auf kleiner Flamme eine halbe bis dreiviertel Stunde ziehen lassen und abseihen. Unmittelbar vor den Mahlzeiten eine Tasse Tee mit Honig gesüßt trinken. Diese Teemischung erhöht bei Frauen die geschlechtliche Lust. Das gestörte Hormongleichgewicht wird ausgeglichen. Die Lebensfreude nimmt zu, die Agilität und Vitalität steigern sich erheblich. Müdigkeit, Niedergeschlagenheit und Unlustgefühle lassen nach. Der Tee ist mindestens über drei Monate einzunehmen.

Besonderer Tip:

Sollte die Wirkung nicht ausreichen, ist es ratsam, folgende Kapseln hinzuzufügen:

Zutaten:
Catuaba 20 mg
Cimicifuga 30 mg
Cinnamomum 10 mg
DHEA 10 mg
Kava-Kava 10 mg
Kieselerde 300 mg
Methylcellulose 30 mg
Passiflora 20 mg
Pfaffia 30 mg
Sarsaparillawurzel 20 mg
Una de gato 20 mg

Anwendung und Wirkung:
Die tägliche Dosierung beträgt dreimal eine bis zwei Kapseln. Das Ergebnis ist eine gesteigerte Vitalität, und die Funktion des Immunsystems wird verbessert. Im Blut und im Speichel steigert sich die DHEA-Aktivität, das Hormongleichgewicht wird wiederhergestellt. Die sexuelle Aktivität nimmt zu, die Freude am Geschlechtsverkehr steigert sich, die Durchlutung im kleinen Becken wird gefördert. Hitzewallungen und andere Beschwerden, die nach Uterusoperationen auftreten können, lassen nach. Auch die Lubrifikation (das Feuchtwerden der Vagina) nimmt zu, so daß die Sexualität ohne Schwierigkeiten mit Genuß erlebt werden kann.

Weiterer Tip:

Reichen die Kapseln noch nicht aus, kann eine Säftekur angeschlossen werden. Folgende Saftkombination ist zu den Mahlzeiten einzunehmen, bei Übergewicht ersetzt sie zum Beispiel die Abendmahlzeit:

Zutaten:
1 Banane
1 Zitrone
3 Judenkirschen
2 Datteln
1 cm Ingwerwurzel
1 l Wasser

Anwendung und Wirkung:
Im Mixer auf hoher Stufe mischen und langsam vor einer Mahlzeit trinken. Auf diese Weise wird der Körper mit Mineralstoffen und Spurenelementen versorgt. Das Hormongleichgewicht läßt sich wiederherstellen. Die Sexualität wird frei entfaltet. Diese Säftemischung sollte so lange eingenommen werden, bis der gewünschte Erfolg eintritt.

17. Rezept

Hat bei Frauen infolge von starkem Übergewicht das Verlangen nach körperlicher Liebe nachgelassen, sollte folgende Kapselform eingenommen werden:

Zutaten:
Avena sativa 30 mg
Caigua 20 mg
Catuaba 20 mg
Gugul 20 mg
Lavelozpulver 20 mg
Methylcellulose 300 mg
Pasuchaca 20 mg
Pfaffia 20 mg
Sägepalmenbeerenextrakt 20 mg
Sarsaparilla 20 mg
Una de gato 20 mg

Anwendung und Wirkung:
Diese Kapseln sind dreimal täglich vor den Mahlzeiten einzunehmen. Auch eine Daueranwendung über ein bis zwei Jahre ist in manchen Fällen sinnvoll, um die Libido auf natürliche Weise ansprechen zu können. In leichteren Fällen genügen dreimal eine Kapsel pro Tag. Die Dosis kann ohne weiteres auf die doppelte oder dreifache Menge gesteigert werden.

Besonderer Tip:

Sollte diese Kapselform nicht ausreichen, kann zusätzlich folgende Teezusammenstellung verwendet werden:

<u>Anwendung:</u>
Ackerschachtelhalm 50 g
Birkenblätter 30 g
Brennesselwurzelpulver 30 g
Catuabarinde 20 g
Cortex Laricis 50 g
Lavelozrinde 50 g

<u>Anwendung und Wirkung:</u>
Von dieser Mischung einen TL auf 250 ml Wasser zwei bis drei Minuten kurz aufkochen. 30 Minuten ziehen lassen, abseihen und mit Honig gesüßt vor den Mahlzeiten jeweils frisch zubereitet trinken. Auch eine Langzeitanwendung über ein bis zwei Jahre ist in bestimmten Fällen empfehlenswert.

18. Rezept

Bleibt die Scheide relativ zu trocken, da die Sekretion der Cowper'schen Drüsen zu gering ist, sollten folgende Kapseln eingenommen werden:

Zutaten:
Cayennepfeffer 10 mg
Cupebablätterextrakt 10 mg
Damiana 20 mg
Einhornwurzel 10 mg
Ginseng quinquefolius 20 mg
Ginseng sibiricus 10 mg
Gotu Kola 10 mg
Kalmus 10 mg
Kieselerde 250 mg
Sägepalmenfrüchteextrakt 20 mg
Sarsaparilla 10 mg

Anwendung und Wirkung:
Diese Kapseln sind mindestens drei bis vier Monate einzunehmen. Die optimale Dosis liegt zwischen dreimal einer bis dreimal drei Kapseln pro Tag. Die Mischung ist auch für einen längeren Anwendungszeitraum unbedenklich. Obwohl sich die ersten Behandlungserfolge schon nach zwei bis drei Wochen bemerkbar machen, sollte die Kur nicht unterbrochen werden, um die Wirkung dauerhaft zu erhalten.

19. Rezept

Nimmt aber nach dem Geschlechtsverkehr die Erschöpfung, die allgemeine Ermüdung und die Reizbarkeit zu, sollten Männer folgende Kapselform einnehmen:

Zutaten:
Avena sativa 10 mg
Basilikum 10 mg
Calamus 10 mg
Catuaba 10 mg
Cayennepfeffer 10 mg
Damiana 20 mg
Gewürznelken 10 mg
Ginseng quinquefolius 10 mg
Ginseng sibiricus 20 mg
Kieselerde 250 mg
Muskat 10 mg
Pfaffia 20 mg
Sägepalmenfrüchteextrakt 10 mg
Sarsaparilla 20 mg
Vanilleknospen 10 mg
Yohimbenrinde 10 mg

Anwendung und Wirkung:
Eine halbe Stunde vor den Mahlzeiten zwei bis drei Kapseln. Die Anwendung dauert ein bis eineinhalb Jahre. Auf diese Weise kann sich ein normales Sexualverhalten langsam aufbauen. Nach dem Verkehr treten keine Erschöpfungszustände mehr auf. Wenn Frauen diese Kapseln einnehmen, kommt es zu einem gesteigerten Ansprechen auf sexuelle Reize, die Durchblutung der Organe im kleinen Becken wird vermehrt und die Wahrnehmung sexueller Gefühle gesteigert. Schon geringe Reize genügen, die sexuelle Empfindsamkeit zu stimulieren.

20. Rezept

Damit ein vorzeitiger Samenerguß vermieden wird, kann zu folgenden Kapseln geraten werden:

Zutaten:
Catuaba 20 mg
Cinnamomum 10 mg
Humulus lupulus 10 mg
Kieselerde 250 mg
Muskatnuß 20 mg
Pfaffia 30 mg
Sarsaparilla 10 mg
Vanilleknospenextrakt 20 mg
Yohimbenrinde 30 mg

Anwendung und Wirkung:
Dreimal eine Kapsel vor den Mahlzeiten. Je nach Zustand und Schweregrad der Beschwerden können drei bis vier Kapseln mehrmals täglich eingenommen werden, ohne daß unangenehme Nebenwirkungen auftreten. Mit einer Langzeittherapie von dreimal einer Kapsel ein Jahr hindurch sind die besten Erfolge zu erzielen. Es kommt zum Nachlassen des vorzeitigen Samenergusses, die Libido wird als befriedigend erlebt, die Ausdauer wird gesteigert und eine vorzeitige Erregung verhindert. Bemerkenswert ist auch, daß die Samenqualität verbessert wird und die Menge des Ejakulates um 20 bis 30 Prozent zunimmt.

Wermut

Der Fachausdruck für Wermut lautet *Artemisia absinthium*. Wermut bzw. Absinth ist eine sehr bittere Substanz, die jedoch immer zuverlässig hilft.

1. Rezept

Am besten ist die Wirkung, wenn folgende Mischung zubereitet wird:

Zutaten:
Anis 30 g
Artemisia-absinthium-Tinktur 20 g
Catuaba 100 g
Guarana 20 g
Inula helenium 40 g
Origanum majorana 20 g

Anwendung und Wirkung:
Diese Mischung, die von Männern und Frauen genommen werden kann (Frauen dreimal täglich 20 Tropfen, Männer dreimal täglich 25 Tropfen. Eine halbe Stunde vor dem Verkehr kann eine größere Menge eingenommen werden), erhöht das sexuelle Verlangen, die Ejakulatmenge wird vergrößert und die Lubrikation der Vagina stärker angeregt. Das heißt, es werden natürliche Gleitmittel gebildet, durch die der Körper der Frau für die Aufnahme des männlichen Gliedes vorbereitet wird.

2. Rezept

Eine andere Zubereitung von Wermut lautet wie folgt:

Zutaten:
Tinctura Artemisia absinthium 20 g
Tinctura Ginseng 30 g
Vinum chinae comp. 300 g

Anwendung und Wirkung:
Von diesem medizinalen Wein nehme man bei beginnender Frigidität und nachlassendem sexuellen Interesse ein Schnapsglas voll eine halbe Stunde vor dem Verkehr. Wenn infolge eines zu niedrigen Blutdrucks das sexuelle Verlangen abnimmt, kann die Mischung stimulierend wirken. In erster Linie wird die Potenz beim Mann gestärkt und bei der Frau die Absonderung der Cowper'schen Drüsen vermehrt.

Yohimben

In diesem Buch wurde bereits wiederholt der Begriff Yohimbenrinde verwendet. Es handelt sich um die innere Rindensubstanz des im tropischen Westafrika beheimateten Baumes *Corynanthae yohimbe.* Die Eingeborenen der westafrikanischen Küste nehmen seit Jahrhunderten Yohimben als Potenzmittel ein. Sie verwenden einen Tee, der folgendermaßen zubereitet wird: Drei Eßlöffel Rindensubstanz werden in einem halben Liter Wasser 15 Minuten lang ausgekocht, dann läßt man den Tee dreißig Minuten lang ziehen und trinkt ihn nach dem Abseihen mit Honig gesüßt. Wird der Tee ein bis zwei Stunden vor dem Verkehr eingenommen, steigert sich bei beiden Geschlechtern das sexuelle Verlangen.

Hat im Alter die Libido nachgelassen, kann dieser Tee noch verstärkt werden, indem eine Messerspitze Ascorbinsäurepulver pro Tasse zugegeben wird. Nachdem der Tee stark bitter schmeckt, sollte mit Honig gesüßt werden. Der Yohimben-Tee enhält sehr viele Alkaloide auf Indolbasis. Das bedeutet, daß der männliche Körper aus dem Indolgerüst Testosteron aufbauen kann. Bei Frauen bilden sich vermehrt Östrogene und Progesterone. So wird bei beiden Geschlechtern das hormonelle Gleichgewicht hergestellt und die Libido kann sich voll entfalten. Außerdem hat Yohimben noch einen gefäßerweiternden Effekt, so daß die Durchblutung der Organe im kleinen Becken verbessert wird.

Auf diesen Wirkungsmechanismus ist zurückzuführen, daß beim Mann die Erektionen öfters vorkommen und besser ausgebildet werden. Eine angenehme Nebenerscheinung der Yohimbenwirkung sind »aufputschende« Hitzewallungen im kleinen Becken, wodurch der Orgasmus schneller eintreten kann, die Plateauphase der Erregung länger anhält und erst langsam im Verlauf von einigen Minuten wieder abnimmt. Es entsteht das aufregende Gefühl der Zweisamkeit bis hin zum Verschmelzen. Der Orgasmus wird bei Mann und Frau fast gleichzeitig erreicht und das

Gefühl des Höhepunktes in vielen Fällen gleich intensiv erlebt. Möglicherweise vorkommende Gefühle wie Ekel oder Erschöpfung fallen bei dieser Teekur nicht mehr ins Gewicht.
Wenn Yohimben in der Dosierung von dreimal zwei Kapseln täglich konsumiert wird, lassen sich ganz bestimmte Nervenüberträgersubstanzen blockieren. Es wurde herausgefunden, daß bei einer Dosierung von dreimal täglich 20 mg Yohimbenrindensubstanz ein schwacher Serotoninhemmeffekt einsetzt. Es wird vermutet, daß ein zu hoher Serotoninspiegel im Blut und in der Rückenmarksflüssigkeit einen zu hohen Blutdruck verursacht sowie Unruhe, Nervosität, Hitzewallungen, Depressionen und Erschöpfungszustände fördert. Ein zu hoher Serotoninspiegel hebt Unlustgefühle hervor und bremst die Lustgefühle. In vielen Fällen hat sich gezeigt, daß nicht psychologische Gründe für ein Nachlassen der Libido verantwortlich sind, sondern meist ein erhöhter Serotoninspiegel die Ursache ist.
Durch Yohimben ist es möglich, die negativen Auswirkungen von hohem Blutdruck zu beseitigen und damit das Liebesleben günstig zu beeinflussen. Nachdem Yohimben noch andere gute Auswirkungen auf das Hormonsystem zeigt, wird die Sexualität durch diesen Rindenextrakt in mehrfacher Hinsicht intensiviert. Es ist bekannt, daß Stoffe, die ähnlich wirken wie Yohimben, zum Beispiel Damiana oder Catuaba, ebenfalls als Aphrodisiakum wirken können, weil der Gehirnstoffwechsel auf ähnliche Weise angeregt wird. Erst in den letzten Jahren wurde herausgefunden, daß die Sexualität durch bestimmte Hormone gesteuert wird.
Bei Menschen mit niedrigem Blutdruck kann es nach einer großen Verbrauchsmenge von Yohimben zu vorübergehenden Schwindelzuständen kommen. Nach längerer Anwendungszeit vergeht dieses Symptom sehr schnell und der Körper stellt sich darauf ein. Neben Ascorbinsäure können auch eine Prise Muskatnußpulver und eine kleine Menge Zimtrinde die Wirkung beträchtlich verstärken.

1. Rezept

Vermindert sich das sexuelle Verlangen wegen einer Überfunktion der Schilddrüse, sollte folgende Kapselform eingenommen werden:

Zutaten:
Avena sativa 20 mg
Brennesselsamenpulver 10 mg
Catuaba 30 mg
Cayennepfeffer 10 mg
Damiana 20 mg
Kieselerde 250 mg
Pfaffia 20 mg
Sägepalmenbeerenextrakt 20 mg
Yohimbenrinde 30 mg

Anwendung und Wirkung:
Dreimal täglich vor den Mahlzeiten eingenommen sind diese Kapseln imstande, das Gleichgewicht der Schilddrüsenhormone wieder herzustellen. Außerdem wird durch die Kapselzusammenstellung die Sexualität auf angenehme Weise angeregt.

2. Rezept

Ist das Geschlechtsleben durch eine Zuckerkrankheit stark beeinträchtigt, sollten folgende Kapseln eingenommen werden:

Zutaten:
Acarbose 10 mg
Brennesselsamenextrakt 10 mg
Brennesselwurzelextrakt 20 mg
Caigua 10 mg
Cinnamomum 20 mg
Cortex Laricis 20 mg
Damiana 20 mg
Methylcellulose 300 mg
Pasuchaca 10 mg
Yohimbenrinde 30 mg
Zinkorotat 20 mg

Anwendung und Wirkung:
Diese Kapseln sollten vor den Mahlzeiten eingenommen werden. Je nach Höhe des Blutzuckerspiegels kann die Dosis verdoppelt, verdreifacht oder vervierfacht werden. Dadurch läßt sich der Blutzuckerspiegels stabilisieren. Auch die Bildung von körpereigenem Testosteron wird auf diese Weise angeregt. Zugleich wird das Lustempfinden, das bei Zuckerkranken in den meisten Fällen schwach ausgebildet oder sogar blockiert ist, auf angenehme Weise wieder angeregt.

3. Rezept

Führt die Zuckerkrankheit zu länger anhaltenden Erektionsproblemen und vermindert sie bei Frauen das Liebesleben beträchtlich, ist folgende Kapselform hilfreich:

Zutaten:
Acarbose 30 mg
Catuabarinde 30 mg
Chrom Picolinat 10 µg
Cinnamomum 30 mg
Cortex Laricis 30 mg
Kieselerde 30 mg
Methylcellulose zu 300 mg
Selensulfat 10 µg
Yohimbenrinde 10 mg
Zinkorotat 20 mg

Anwendung und Wirkung:
Diese Zusammenstellung ist für beide Geschlechter vorteilhaft. Die verminderte Libido kann auf angenehme Weise angeregt werden. Der Zuckerhaushalt normalisiert sich, Sehstörungen, Nierenschäden und Herzbeschwerden, die bei Diabetikern häufig vorkommen, lassen sich zum Großteil zurückbilden. Gleichzeitig wird das sexuelle Verlangen aufgebaut.

4. Rezept

Wenn bei Herzerkrankungen und Herzschwäche das Interesse an der Sexualität langsam verloren geht, sollte folgende Kapselform konsumiert werden:

Zutaten:
Avena sativa 20 mg
Catuaba 20 mg
Catuabarinde 30 mg
Damiana 10 mg
Lapachorindenextrakt 20 mg
Magnesiumorotat 20 mg
Meerzwiebelextrakt 20 mg
Pfaffia 10 mg
Sägepalmenbeerenextrakt 30 mg
Uncaria tomentosa 10 mg
Weißdorntrockenextrakt 20 mg
Yohimbenrinde 10 mg
Zinkorotat 10 mg

Anwendung und Wirkung:
Mit dieser Zusammenstellung werden die Herzkraft gestärkt, das sexuelle Empfinden verbessert, Müdigkeit, Schwäche und Niedergeschlagenheit beseitigt. Das Lustempfinden läßt sich wieder normalisieren.

5. Rezept

Ist die Libido durch eine gestörte Nierenfunktion, erhöhten Kreatininwert und allgemein geschwächte Körperkraft auf ein Minimum vermindert, sind folgende Kapseln hilfreich:

Zutaten:
Calamus 20 mg
Catuaba 10 mg
Cortex Laricis 20 mg
Crataegus 10 mg
Damiana 20 mg
Folium Betulae 20 mg
Lapachorindenextrakt 10 mg
Methylcellulose 250 mg
Pfaffia 20 mg
Sumnitates Juniperi (Wacholderspitzenextrakt) 20 mg
Uncaria tomentosa 20 mg
Yohimbenrinde 30 mg
Zinkorotat 10 mg

Anwendung und Wirkung:
Diese Zusammenstellung wirkt positiv auf die Nierenfunktion. Das kann besonders gut durch eine regelmäßige Kontrolle des Kreatininwertes, der Harnstoffwerte, der Stickstoffwerte im Blut und an der Höhe der Harnsäure festgestellt werden. Voraussetzung ist die Einnahme der Kapseln über einen Zeitraum von drei bis vier Monaten. Langsam, aber sicher läßt sich eine normale sexuelle Ansprechbarkeit aufbauen.

6. Rezept

Ist infolge von Depressionen die Libido vermindert, ist zu folgender Kapselzusammenstellung zu raten:

Zutaten:
Betacarotin 20 mg
Catuabarinde 30 mg
Damiana 20 mg
Hopfenextrakt 20 mg
Hypericumextrakt 30 mg
Kava-Kava 30 mg
Kieselerde 250 mg
Passionsblumenextrakt 20 mg
Yohimbenrinde 30 mg
Zinkorotat 10 mg

Anwendung und Wirkung:
Bei leichteren Fällen von Depressionen sollten drei Kapseln pro Tag eingenommen werden. Bei schweren oder sehr schweren Formen von Schwermütigkeit kann die Dosis ohne weiteres verdoppelt oder verdreifacht werden. Eine genügend lange Anwendungsdauer beseitigt deutlich die depressiven Einflüsse. Die Lebensfreude und Aktivität nehmen wieder zu, das Selbstvertrauen wird gestärkt und die depressive Grundstimmung verschwindet. Zugleich läßt sich auch das Hormongleichgewicht regulieren, das bei depressiven Menschen gestört ist. Nach zwei- bis dreimonatiger Anwendungszeit normalisieren sich die Hormonwerte im Körper bei beiden Geschlechtern. Die allgemeine Aktivität nimmt zu.

7. Rezept

Ist das Allgemeinempfinden wegen bösartiger Erkrankungen stark eingeschränkt und damit das Lustempfinden am Nullpunkt angekommen, sollte folgende Kapselform konsumiert werden:

Zutaten:
Brennesselsamenextrakt 30 mg
Catuaba 20 mg
Cortex Laricis 20 mg
Damiana 10 mg
Kieselerde 250 mg
Lapachorindenextrakt 30 mg
Memecylon ovata 30 mg
Pfaffia 10 mg
Uncaria-tomentosa-Extrakt 20 mg
Yohimbenrinde 20 mg

Anwendung und Wirkung:
Von diesen Kapseln in schweren Fällen dreimal zwei einnehmen und dreimal drei solange die akuten Beschwerden anhalten. Nach einem halben Jahr kann die Dosis auf dreimal täglich eine Kapsel herabgesetzt werden.
Die Mixtur sorgt für eine Normalisierung der Libido und wirkt positiv auf eine vorliegende Grundkrankheit. Eventuell können mit dieser Zusammenstellung bösartige Erkrankungen im Verlauf eines Jahres langsam beseitigt werden. Die Begleiterscheinungen der bösartigen Grunderkrankung lassen sich allmählich abschwächen, so daß wieder Raum für ein sexuelles Erleben bleibt.

8. Rezept

Bleibt die Ejakulatsmenge recht gering, ist folgende Kapselform hilfreich:

Zutaten:
Colanußextrakt 10 mg
Damiana 10 mg
Einhornwurzel 10 mg
Gotu Kola 10 mg
Gugul 10 mg
Kalmus 20 mg
Kieselerde 250 mg
Muira-Puama 20 mg
Muskatnuß 10 mg
Sägepalmenblätter 20 mg
Yohimbenrinde 10 mg

Anwendung und Wirkung:
Diese Kapselform ist geeignet, die Ejakulatmenge zu vergrößern. Die Befriedigung beim Geschlechtsverkehr nimmt zu, die Plateauphase des Orgasmus wird schneller erreicht, das Gefühl der Befriedigung hält längere Zeit an und nach kurzer Latenzzeit erhält der Körper die Kraft und Ausdauer, neuerlich einen Geschlechtsverkehr durchzuführen.

9. Rezept

Ist die Frühjahrsmüdigkeit sehr stark ausgeprägt und hat deshalb das Verlangen nach körperlicher Liebe nachgelassen, können folgende Kapseln empfohlen werden:

Zutaten:
Betelnuß 20 mg
Calamus 20 mg
Colanüsse 10 mg
Damiana 10 mg
Gewürznelken 20 mg
Ginseng quinquefolius 10 mg
Kieselerde 300 mg
Muira-Puama 20 mg
Muskatnuß 10 mg
Vanilleknospen, pulverisiert 10 mg
Yohimbenrinde 30 mg

Anwendung und Wirkung:
Mit dieser Kapselzusammenstellung kann verlorengegangene Energie wieder aufgebaut und das Interesse an der Sexualität erneuert werden. Bei einer Dosierung von bis zu dreimal zwei und falls erforderlich auch dreimal drei Kapseln, nimmt die Vitalität innerhalb von zwei bis drei Wochen spürbar zu, und das Sexualleben wird wieder als spannend empfunden. Der Geschlechtsakt ist intensiver und die körperliche Vereinigung wird als angenehm, befriedigend und einmalig erlebt. Frauen, die diese Kapseln regelmäßig einnehmen, können zu schnell aufeinanderfolgenden Höhepunkten kommen, ohne daß sie ermüden oder sich erschöpfen.

Diätplan zur Steigerung der Vitalität und des sexuellen Verlangens

1. Tag

Morgens
2 Tassen Haferflocken
30 Rosinen
500 ml Molke

Als Getränk:
1 Tasse Matetee

Vormittags
Als Getränk:
1 Zitrone
1 Banane
1 Orange
3 Datteln
mit 1 l Wasser homogenisiert
Das Getränk versorgt den Körper ausreichend mit Bioflavonoiden, Vitamin C und wertvollen Spurenelementen.

Mittags
Als Vorspeise:
1 Teller Gemüsesuppe
1 fein gehackte Zwiebel
fein gehackte Brunnenkresse
fein gehackter Bärlauch

Als Hauptspeise:
250 g Kartoffelsalat
Brunnenkresse
fein gehackter Sauerklee
100 g Crème fraîche
1 EL Sonnenblumenöl
1 EL Balsamicoessig
weißer Pfeffer, frisch gemahlen
1 Kopf Endiviensalat
Joghurtdressing
2 Knoblauchzehen, gehackt

Als Getränk:
1 Zitrone, 1 Banane, 2 Kiwis
mit 500 ml Wasser homogenisiert

<u>Nachmittags</u>
3 Scheiben Pumpernickel
Hüttenkäse

Als Getränk:
1 Tasse grüner Tee

<u>Abends</u>
100 g Shrimpssalat mit Mayonnaise
200 g Kartoffelsalat
Rapunzelsalat
5 Stengel Sauerampfer
3 Huflattichblätter, fein geschnitten
10 Zwiebelringe
2 Paprikaschoten, fein geschnitten
3 fein geschnittene Spitzwegerichblätter
1 EL Kürbiskernöl
1 EL Balsamicoessig
20 schwarze Oliven, entkernt

2. Tag

Morgens
200 g Haferflocken
100 g Fruchtjoghurt
100 ml Wasser
30 Rosinen
10 getrocknete Aprikosen
10 getrocknete Apfelringe

Als Getränk:
2 Tassen grüner Tee

Vormittags
1 Orange
1 Banane

Mittags
300 g Kartoffelsalat
etwas Bachbunge, fein geschnitten
100 g Brunnenkresse
200 g Rapunzelsalat
10 Zwiebelringe
1 EL Balsamicoessig
1 EL Maiskeimöl

Als Getränk:
2 Orangen, 1 Zitrone, 1 Banane
2 frische Feigen
mit 1 l Wasser homogenisiert

Nachmittags
2 Bananen

Als Getränk:
1 Tasse grüner Tee

<u>Abends</u>
200 g Kartoffelsalat
3 marinierte Heringe
1 EL Maiskeimöl
1 EL Balsamicoessig
100 g Feldsalat
1 Kopf Salat
20 schwarze Oliven, entkernt
100 g Magerjoghurt

<u>Spät</u>
1 kleiner Apfel

Als Getränk:
500 ml Molke

3. Tag

Morgens
1 Tasse Haferbrei
50 g Piniennüsse

Als Getränk:
2 Tassen grüner Tee

Vormittags
1 Banane
1 Zitrone
3 Datteln
mit 750 ml Wasser homogenisiert

Mittags
300 g Kartoffelsalat
2 Dorschfilets zu je 50 g
1 Radicchiosalat mit Brunnenkresse
1 kleine rote Zwiebel, fein geschnitten
2 Knoblauchzehen
1 EL Kürbiskernöl
1 EL Rotweinessig
1 Msp Meersalz
weißer Pfeffer, frisch gemahlen
2 EL Basilikum, fein gehackt
1 EL Pimpinelle, fein gehackt

Nachmittags
3 Scheiben Pumpernickel
Hüttenkäse

Als Getränk:
1 Orange, 1 Zitrone, 1 Kiwi, 1 Banane
mit 750 ml Wasser homogenisiert

Abends
1 Kopf Eichblattsalat
2 Hähnchenbrustfilets (200 g)
1 Msp Meersalz
weißer Pfeffer, frisch gemahlen
1 reife Avocado
1 TL Zitronensaft
100 g blaue Trauben
100 g Mozzarella
1 Knoblauchzehe, zerdrückt
1 EL Grapefruitsaft
1 EL Zitronensaft
1 Bund Basilikum, fein geschnitten
100 g Brunnenkresse

Als Getränk:
500 ml Molke

Spät
20 Weintrauben

Als Getränk:
250 ml Karotten-Apfel-Saft, zu gleichen Teilen frisch gepreßt

4. Tag

Morgens
200 g Haferflocken
250 ml Magermilch
3 Scheiben Pumpernickel
Hüttenkäse

Als Getränk:
1 Zitrone, 1 Orange, 1 Banane
3 Datteln
mit 1 l Wasser homogenisiert

Vormittags
1 Grapefruit
50 g Pinienkerne

Mittags
300 g Kartoffelsalat
200 g frischer, junger Spinat
20 g Räucherspeck, fein geschnitten
1/2 Zwiebel, gewürfelt
2 hart gekochte Eier

Für die Salatsauce:
1 EL Essig
1 Msp Meersalz
1 TL scharfer Senf
1 TL Paprika, edelsüß
1 EL Kürbiskernöl
1/4 Becher Joghurt
1 Prise grob gemahlener weißer Pfeffer
3 EL Basilikum, fein gehackt
1 EL Petersilie, fein gehackt
1 EL Schnittlauch, fein gehackt

Als Getränk:
1/2 Kokosnuß, Kokosmilch, 1 Banane
1 Grapefruit, 2 Kiwis, 2 Datteln
mit 1 l Wasser homogenisiert

Nachmittags
3 Scheiben Pumpernickel
Crème fraîche

Als Getränk:
2 Tassen grüner Tee

Abends
200 g Kartoffelsalat
20 schwarze Oliven, entkernt
1 Kopf Eissalat
3 Tomaten, fein geschnitten
1/2 Salatgurke
1 Paprikaschote
1 kleine rote Zwiebel, fein geschnitten
1 EL Pimpinelle, fein gehackt
100 g griechischer Weichkäse aus Schafmilch

Als Getränk:
1 Zitrone, 1 Banane, 1 Orange
3 Judenkirschen
mit 500 ml Wasser homogenisiert

Spät
1 Golden-Delicious-Apfel
1 Banane
3 Walnüsse

5. Tag

Morgens
4 kleine Scheiben Pumpernickel
Hüttenkäse
1 Tasse Sojabohnenkeimlinge
1 Tasse mit Erdnüssen, Cashewnüssen und Walnüssen

Als Getränk:
3 Tassen grüner Tee

Vormittags
Als Getränk:
1 Zitrone
1 Banane
2 Kiwis
2 Datteln
1 Feige
mit 750 ml Wasser homogenisiert

Mittags:
1 Gemüsesuppe
Basilikum, fein geschnitten
Brunnenkresse, fein geschnitten
1 Knoblauchzehe, gehackt
2 TL Parmesan
300 g Kartoffelsalat
3 hart gekochte Eier, fein geschnitten
20 schwarze Oliven, entkernt
200 g gewürfelter weißer Schafkäse
1 EL Olivenöl
1 EL Kürbiskernöl
1 TL Balsamicoessig
1 Prise Cayennepfeffer
1 Prise weißer Pfeffer, frisch gemahlen

1 Kopf Salat
10 Huflattichblätter
10 Spitzwegerichblätter
10 Blätter Sauerampfer
100 g Joghurtdressing

Nachmittags
3 Schnitten Kräuterbrot (Lavelozbrot)
Sardellenbutteraufstrich

Abends
Nudelsalat mit Hühnerbrust und Trauben:
100 g gekochte Hühnerbrust
100 g Weintrauben
100 g schmale Bandnudeln
1 Msp Meersalz
$^1/_2$ rote Peperoni, entkernt und fein gehackt
1 rote Frühlingszwiebel
100 g gekochte Krabben
3 EL Mayonnaise
1 TL Currypuder
1 EL Sahne
1 Kopf Salat mit
Balsamicoessig-Olivenöl-Dressing

Als Getränk:
500 ml Molke

Spät
1 Orange
1 Kiwi
20 Cashewnüsse

6. Tag

Morgens
5 Scheiben Pumpernickel
Sardellenpastenaufstrich

Als Getränk:
3 Tassen grüner Tee

Vormittags
Als Getränk:
1 Zitrone, 1 Banane, 2 Kiwis
5 Judenkirschen
mit 1 l Wasser homogenisiert

Mittags
300 g Kartoffelsalat
1 kleiner Kopf Weißkohl für Krautsalat
1 Msp Meersalz
1 Gemüsezwiebel, fein geschnitten
50 g geräucherter durchwachsener Speck, gewürfelt
2 EL Apfelessig
2 EL Kürbiskernöl
1 TL Kümmel
1 Prise gemahlene Muskatnuß
1 fein geschnittene Pfefferschote (entkernt)
1 Prise Cayennepfeffer

Nachmittags
2 Schnitten Kräuterbrot mit Laveloz (Hochenegg-GmbH)

Als Getränk:
1 Tasse grüner Tee

Abends
100 g Kartoffelsalat
200 g Sellerie
100 g Stangensellerie
20 gekochte Shrimps
1 Golden-Delicious-Apfel, fein geschnitten
1 EL Salatmayonnaise
1 EL scharfer Senf
3 EL saure Sahne
1 Prise Selleriesalz
1 Bund Schnittlauch, fein geschnitten
20 Stengel Brunnenkresse

Als Getränk:
500 ml Molke

Spät
1 mittelgroßer Apfel
20 Walnußkerne

Als Getränk:
250 ml Karotten-Apfel-Saft, zu gleichen Teilen frisch gepreßt

7. Tag

Morgens
1 Tasse Senfsprossen
1 Tasse Haferflocken
Magerjoghurt
3 Scheiben Pumpernickel
Crème fraîche

Als Getränk:
3 Tassen grüner Tee

Vormittags
Als Getränk:
1 Banane
2 Kiwis
1 Birne
2 Datteln
mit 1 l Wasser homogenisiert

Mittags
1 Tasse Gemüsebrühe
20 Brennesselblätter, fein gehackt
1 Prise Cayennepfeffer
2 TL Parmesankäse
300 g Kartoffelsalat
20 gekochte Shrimps
1 Kopf Salat
1 Salatgurke, fein geschnitten
2 Tomaten, fein geschnitten
1 kleine rote Zwiebel, fein geschnitten
20 schwarze Oliven, entkernt
150 g weißer Schafskäse
1 Bund Basilikum, fein geschnitten
2 EL Olivenöl

1 Msp Meersalz
1 Msp Cayennepfeffer

Nachmittags
3 Scheiben Pumpernickel
Crème fraîche

Als Getränk:
1 Zitrone, 1 Banane, 1 kleiner Apfel
20 Heidelbeeren
mit 500 ml Wasser homogenisiert

Abends
100 g geschnittener Bierkäse
2 reife Avocados
$^{1}/_{2}$ rote Zwiebel
1 EL Weinessig
2 EL Kürbiskernöl
1 Msp Meersalz
1 TL Chilisauce
200 g Rapunzelsalat
200 g Kartoffelsalat

Spät
20 Cashewkerne
10 Walnüsse
1 kleiner Apfel

Als Getränk:
250 ml Karottensaft, frisch gepreßt

8. Tag

Morgens
1 Tasse Haferflocken
150 ml Magerjoghurt
3 Scheiben Pumpernickel
100 g Magerkäse
10 grüne Oliven, entkernt
1/2 Gurke, fein geschnitten
2 EL Mayonnaise

Vormittags
Als Getränk:
1 Banane
1 Orange
2 Kiwis
5 Judenkirschen
mit 1 l Wasser homogenisiert

Mittags
1 Tasse Gemüsebrühe
2 EL Parmesan
300 g Kartoffelsalat
20 Shrimps
1 Kopf Salat
10 Huflattichblätter
10 Breitwegerichblätter
5 Sauerampferblätter
Olivenöl-Weinessig-Dressing

Nachmittags
2 Scheiben Pumpernickel
Sardellenbutter

Als Getränk:
1 Tasse grüner Tee

Abends
3 Tomaten, fein geschnitten
10 Scheiben Mozzarella
schwarzer Pfeffer, frisch gemahlen
1 Bund Basilikum, fein geschnitten
1 EL Olivenöl, kalt gepreßt
1 Prise Cayennepfeffer
1 Bund Schnittlauch, fein geschnitten
100 g Kartoffelsalat
1 Zwiebel, fein gehackt
1 Knoblauchzehe, fein gehackt
1 Msp Meersalz
1 EL Crème fraîche

9. Tag

Morgens
1 Tasse Haferflocken
Magerjoghurt
3 Scheiben Pumpernickel
Crème fraîche

Vormittags:
Als Getränk:
2 Bananen, 1 Orange, 1 Zitrone, 1 Kiwi
mit 1 l Wasser homogenisiert

Mittags
300 g Kartoffelsalat
100 g Thunfisch
3 hart gekochte Eier
2 Tomaten, fein geschnitten
10 grüne Oliven
1 EL Zitronensaft
1 Prise weißer Pfeffer
1 Msp Meersalz
1 Bund Petersilie, fein geschnitten

Als Getränk:
1 Banane
1 Zitrone
3 Kiwis
1 Golden-Delicious-Apfel
mit 1 l Wasser homogenisiert

Nachmittags
3 Scheiben Pumpernickel
100 g Bierkäse

Als Getränk:
2 Tassen Karotten-Orangen-Saft, zu gleichen Teilen frisch gepreßt

<u>Abends</u>
1 Eissalat
100 g gekochter körniger Reis
1 TL Olivenöl
1 TL Weißweinessig
1 Msp Meersalz
2 Knoblauchzehen, gehackt
1 TL Paprika, edelsüß
200 g gegarte Hühnchenbrust, in Streifen geschnitten
20 blaue Weintrauben
2 EL Kokosnuß, fein gewürfelt
1 TL süße Sahne
1 TL Chilisauce
1 Msp Meersalz
Brunnenkresse, fein geschnitten

Als Getränk:
250 ml Karottensaft, frisch gepreßt

<u>Spät</u>
10 Walnüsse
20 Cashewnüsse
30 Pinienkerne
1 Glas Magerjoghurt

10. Tag

Morgens
2 Tassen Haferflocken
1 Tasse Sonnenblumensprossen
1 TL Honig
Saft einer Orange
1 EL Zitronensaft
3 Scheiben Pumpernickel
fein geschnittener Mozzarella

Als Getränk:
3 Tassen grüner Tee

Vormittags
Als Getränk:
250 ml Karottensaft, frisch gepreßt

Mittags
1 Tasse Gemüsebrühe
3 EL Parmesan
1 Prise Cayennepfeffer
3 kleine Schollenfilets
250 g Kartoffelsalat
1 Kopf Salat
10 Brennesselblätter
10 Huflattichblätter
10 Sauerampferstengel
1 EL Balsamicoessig
2 EL Olivenöl, kalt gepreßt

Nachmittags
Als Getränk:
250 ml Apfel-Karotten-Saft, zu gleichen Teilen frisch gepreßt

Abends

1 fein geschnittene Honigmelone
100 g Erdbeeren
100 g Tiroler Schinkenspeck, fein geschnitten
1 Kopf Eisbergsalat
2 EL Olivenöl
2 EL Zitronensaft
1 Msp Meersalz
weißer Pfeffer, frisch gemahlen
1 Paprikaschote, entkernt und fein geschnitten

Spät

20 Walnüsse
10 Cashewnüsse
30 Erdnüsse

Als Getränk:
500 ml Molke

11. Tag

Morgens
2 Tassen Haferflocken
Magerjoghurt
3 Scheiben Pumpernickel
Crème fraîche

Als Getränk:
3 Tassen grüner Tee

Vormittags
Als Getränk:
1 Banane
1 Zitrone
2 Kiwis
mit 1 l Wasser homogenisiert

Mittags
200 g Kartoffelsalat
10 gekochte Shrimps
1 Msp Meersalz
2 EL Senfsprossen
1 Boskopapfel, fein geschnitten
1 kleine rote Bete, geraspelt
5 Weißkohlblätter
Senfsprossen
2 EL Sonnenblumenöl
1 TL Balsamicoessig
1 Kopf Salat
Mayonnaisedressing
1 Knoblauchzehe, fein geschnitten
10 Zwiebelringe

Als Getränk:
1 Banane, 1 Apfel, 1 Zitrone, 3 Kiwis, 20 Himbeeren
mit 1 l Wasser homogenisiert

Nachmittags
2 Scheiben Pumpernickel
Sardellenbutter

Als Getränk:
250 ml Karottensaft, frisch gepreßt

Abends
250 g Kartoffelsalat
1 Tasse Roggensprossen
3 EL saure Sahne
1 Prise Cayennepfeffer
1 Bund Basilikum, fein geschnitten
2 Msp frisch gemahlener Majoran
2 EL Walnußöl
1 EL Apfelessig
2 TL Zitronensaft
10 entsteinte Pflaumen
10 entsteinte Aprikosen

Spät
20 Walnußkerne
50 g Pinienkerne

Als Getränk:
250 ml Apfelsaft, frisch gepreßt

12. Tag

Morgens
1 Tasse Haferflocken
Magerjoghurt
20 Haselnußkerne
20 Walnußkerne
3 Scheiben Pumpernickel
Crème fraîche

Als Getränk:
500 ml Karotten-Apfel-Saft, zu gleichen Teilen frisch gepreßt

Mittags
250 g Kartoffelsalat
5 mittelgroße Heringe
1 Kopf Salat
Mayonnaisedressing
1 Knoblauchzehe, zerdrückt
1 Prise Cayennepfeffer
1 Msp Meersalz
10 Brennesselblätter, fein geschnitten

Als Getränk:
1 Banane
1 Orange
1 Zitrone
2 Kiwis
20 Weintrauben
mit 1 l Wasser homogenisiert

Nachmittags
Als Getränk:
500 ml Fruchtmolke mit Pfirsichgeschmack

Abends
150 g Mozzarella, in Scheiben geschnitten
4 mittelgroße Tomaten, fein geschnitten
1 Bund Brunnenkresse, fein geschnitten

Als Getränk:
500 ml Apfel-Kiwi-Karotten-Birnen-Saft, zu gleichen Teilen frisch gepreßt

Spät
20 Erdnüsse
20 Walnußkerne

Als Getränk:
1 Tasse Früchtetee

13. Tag

Morgens
3 Scheiben Pumpernickel
Sardellenbutter-Knoblauch-Aufstrich
100 g Hüttenkäse

Als Getränk:
3 Tassen grüner Tee

Vormittags
Als Getränk:
500 ml Apfel-Orangen-Karotten-Saft, zu gleichen Teilen frisch gepreßt

Mittags
Als Hauptspeise:
250 g Kartoffelsalat
20 Shrimps (gekocht)
1 Kopf Salat mit
Mayonnaisedressing

Als Nachtisch:
30 frische Erdbeeren mit
Sahne und
Vanillezucker

Als Getränk:
1 Banane, 2 Kiwis, 20 Weintrauben
10 Himbeeren, 1 Zitrone, 2 Datteln
mit 1 l Wasser homogenisiert

Nachmittags
Als Getränk:
500 ml Apfel-Karotten-Saft, zu gleichen Teilen frisch gepreßt

Abends
150 g Mozzarella, fein geschnitten
3 große Fleischtomaten, fein geschnitten
1 Bund Basilikum, fein gehackt
30 Brennesselblätter, fein gehackt
2 Knoblauchzehen, fein geschnittem
20 Zwiebelringe
1 EL Kürbiskernöl
1 TL Weinessig
1 Prise Pfeffer, frisch gemahlen

Spät
20 Walnüsse
10 Haselnüsse
30 Erdnüsse

Als Getränk:
500 ml Karottensaft, frisch gepreßt

14. Tag

<u>Morgens</u>
4 Knäckebrote
Magerquark
20 g Hitziki-Algen

Als Getränk:
3 Tassen grüner Tee

<u>Vormittags</u>
1 Banane
1 Zitrone
1 Golden-Delicious-Apfel
2 Datteln
mit 1 l Wasser homogenisiert

<u>Mittags</u>
Als Hauptspeise:
100 g Feldsalat
10 Blätter Friséesalat
100 g frische Geflügelleber, kurz gebraten
1 Prise weißer Pfeffer, frisch gemahlen
1 Msp Meersalz
2 EL Sahne
200 g Kartoffelsalat
1 kleiner Becher Crème fraîche
1 EL kalt gepreßtes Olivenöl
1 EL Apfelessig
20 Blätter Breitwegerich
10 Blätter Löwenzahn

Als Nachspeise:
2 Mandarinen
20 Erdbeeren mit Schlagsahne

Nachmittags
2 Knäckebrote
Liptauerkäse

Als Getränk:
250 ml Karottensaft, frisch gepreßt

Abends
4 mittelgroße Heringsfilets
1 Zwiebel, fein geschnitten
2 Gewürznelken, fein gemahlen
1 Msp Thymianpulver
3 Zweige Petersilie
200 g Tiefkühlerbsen
100 g kleine Karotten
2 EL Olivenöl
1 TL Zitronensaft
schwarzer Pfeffer, frisch gemahlen
1 Zehe Knoblauch
20 Zwiebelringe

Als Getränk:
500 ml Molke mit Pfirsichgeschmack

Spät
Als Getränk:
1 Tasse Kokosmilch

15. Tag

<u>Morgens</u>
2 Tassen Weizenkeimlinge, Bambus- und Mungsprossen
1 EL Olivenöl
1 TL Balsamicoessig
1 TL Zitronensaft
4 Scheiben Pumpernickel
Magerquark

Als Getränk:
3 Tassen grüner Tee

<u>Vormittags</u>
Als Getränk:
1 Banane
1 Zitrone
2 Datteln
20 Himbeeren
mit 1 l Wasser homogenisiert

<u>Mittags</u>
Als Hauptspeise:
250 g Kartoffelsalat
20 Kohlblätter, fein geschnitten
1 rote Zwiebel, fein gehackt
1 Stange Lauch, in feine Streifen geschnitten
3 kleine Karotten, klein geschnitten
1/4 Sellerie, fein gehackt
1 Tasse Sojabohnensprossen
1 EL Sojasauce
1 TL Algenextrakt (aus dem Reformhaus)
2 Knoblauchzehen, fein gehackt
1 Prise Cayennepfeffer

Als Nachspeise:
1 Pfirsich, klein geschnitten
2 Aprikosen
2 Gewürznelken
100 g Schlagsahne

Nachmittags
2 Knoblauchbutterbrote

Als Getränk:
500 ml Molke

Abends
200 g geraspelter Blumenkohl
3 Äpfel, fein geschnitten
2 EL Walnußöl
1 Prise weißer Pfeffer, frisch gemahlen
1 Tasse Alfalfasprossen
50 g Pinienkerne
1 EL Kürbissprossen
100 g Brunnenkresse, fein geschnitten
150 g Kartoffelsalat
20 Brennesselblätter

Als Getränk:
500 ml Karottensaft, frisch gepreßt

Spät
20 Walnußkerne
20 grüne, entkernte Oliven
20 g Nori-Algen

Als Getränk:
250 ml Molke mit Pfirsichgeschmack

16. Tag

Morgens
4 Scheiben Pumpernickel
Knoblauchbutter
2 weich gekochte Eier
1 Tasse Senfsprossen
1 Tasse Bambussprossen
20 g Meeresalgenextrakt

Als Getränk:
3 Tassen grüner Tee

Vormittags
Als Getränk:
500 ml Karottensaft, frisch gepreßt

Mittags
Als Hauptspeise:
250 g Kartoffelsalat
2 mittelgroße Heringe
1 Kopf Salat
30 Löwenzahnblätter
20 Rapunzelblätter
2 EL Olivenöl
1 TL Balsamicoessig
20 Walnüsse
30 Oliven
30 g gehacktes Basilikum
100 g Kapuzinerkresse
50 g Brunnenkresse

Als Nachspeise:
Weintrauben-Mandarinen-Apfel-Aprikosen-Kompott, mit
100 g Schlagsahne

Nachmittags
3 Knäckebrote
Sardellenpaste

Als Getränk:
500 ml Karotten-Apfelsaft, zu gleichen Teilen frisch gepreßt

Abends
200 g Vollkornspaghetti
1 kleiner Endiviensalat
30 Löwenzahnblätter
150 g Brunnenkresse
100 g Rapunzelsalat
2 EL Olivenöl
1 TL Balsamicoessig
2 zerdrückte Knoblauchzehen
30 schwarze, entkernte Oliven
2 hart gekochte Eier, geviertelt

Als Getränk:
1 Banane
2 Datteln
5 Judenkirschen
1 Zitrone
mit 1 l Wasser homogenisiert

Spät
Als Getränk:
250 ml Fruchtmolke mit Aprikosengeschmack

17. Tag

<u>Morgens</u>
20 g Hitziki-Algen
2 Tassen Haferflocken
Magerjoghurt
30 Rosinen
50 g Schlagsahne

Als Getränk:
3 Tassen grüner Tee

<u>Vormittags</u>
Als Getränk:
500 ml Karotten-Orangen-Saft, zu gleichen Teilen frisch gepreßt

<u>Mittags</u>
250 g Kartoffelsalat
200 g Feldsalat
2 EL Linsensprossen
2 EL Senfsprossen
1 Prise weißer Pfeffer, frisch gemahlen
1 Msp Meersalz
1 Knoblauchzehe, zerdrückt
3 EL Crème fraîche
1 rote Zwiebel, klein geschnitten
2 kleine Äpfel, gewürfelt

<u>Nachmittags</u>
Als Getränk:
250 ml Karottensaft, frisch gepreßt
1 TL Olivenöl

Abends
200 g Sauerkraut
100 g Linsensprossen
1 EL Olivenöl
2 Bund Schnittlauch, fein geschnitten
1 kleine Möhre, geraspelt
2 EL Senfsprossen
1 EL Sojasauce
1 EL pulverisierte Nori-Algen
4 Scheiben Pumpernickel
Magerquark

Spät
Als Getränk:
500 ml Karotten-Apfel-Orangen-Saft, zu gleichen Teilen frisch gepreßt

18. Tag

Morgens
5 Scheiben Pumpernickel
Magerquark
1 Tasse Haferflocken
Magerjoghurt
20 Rosinen
20 Haselnüsse
30 Pinienkerne
1 Delicious-Apfel, fein geschnitten

Als Getränk:
3 Tassen grüner Tee

Vormittags
Als Getränk:
500 ml Karottensaft, frisch gepreßt

Mittags
Als Hauptspeise:
200 g Makkaroni
2 Tassen Kichererbsensprossen
100 g Karotten, fein geschnitten
1 Zwiebel, fein geschnitten
2 Tassen Weißkohl, fein geschnitten
1 kleiner Delicious-Apfel, gewürfelt
1 EL Olivenöl
2 EL Parmesan
1 Msp Meersalz
weißer Pfeffer, frisch gemahlen
1 Prise Muskatnuß
3 EL Schnittlauchröllchen
2 rohe Eier
1 Msp Cayennepfeffer

Als Nachtisch:
30 Erdbeeren mit Schlagrahm

Als Getränk:
1 Apfel
1 Banane
3 Datteln
20 Heidelbeeren
mit 1 l Wasser homogenisiert

<u>Nachmittags</u>
Als Getränk:
500 ml Karotten-Apfel-Saft, zu gleichen Teilen frisch gepreßt

<u>Abends</u>
200 g Kartoffelsalat
5 mittelgroße Heringe
1 Portion Kopfsalat
100 g Rapunzelsalat
50 g Brunnenkresse
2 EL Olivenöl
1 TL Balsamicoessig
2 hart gekochte Eier
1 Prise Basilikum
1 Prise Cayennepfeffer

<u>Spät</u>
20 g Pinienkerne
2 Mandarinen

Als Getränk:
250 ml Karottensaft, frisch gepreßt

19. Tag

Morgens
150 g Haferflocken
10 Erdbeeren
1 kleiner Apfel, fein geschnitten
Magerjoghurt

Als Getränk:
1 Tasse grüner Tee

Vormittags
500 ml Karottensaft, frisch gepreßt

Mittags
Als Hauptspeise:
200 g Kartoffelsalat
20 grüne, entkernte Oliven
20 Zwiebelringe
1 Friséesalat
20 Löwenzahnblätter
20 Endivienblätter
2 EL Olivenöl
1 TL Balsamicoessig
1 Prise Basilikum
1 Prise Muskatnuß
1 Msp Meersalz

Als Nachtisch:
3 geriebene Äpfel
2 EL Sonnenblumenkerne
1 Tasse Wasser
3 fein geschnittene Aprikosen
1 Magerjoghurt
geriebene Haselnüsse

20 Pinienkerne
3 EL Leinsamensprossen

Nachmittags
500 ml Orangen-Karotten-Saft, zu gleichen Teilen frisch gepreßt

Abends
2 Aprikosen, in Scheiben geschnitten
2 Williamsbirnen, gewürfelt
1 Tasse entsteinte Zwetschgen, geviertelt
2 Scheiben Ananas, fein geschnitten
1 Tasse schwarze Johannisbeeren
1 Tasse Roggensprossen
1 EL Apfelessig
1 EL Zitronensaft
2 EL Maiskeimöl
1 Gewürznelke, fein gemahlen
1 gehackte Knoblauchzehe
1 Prise Cayennepfeffer
1 Prise Basilikum
1 Prise Majoran
1 Msp Meersalz

Spät
30 Pinienkerne

Als Getränk:
500 ml Karottensaft, frisch gepreßt

20. Tag

<u>Morgens</u>
5 Knäckebrote
Knoblauchbutter
Brunnenkresse

Als Getränk:
2 Tassen grüner Tee

<u>Vormittags</u>
Als Getränk:
500 ml Karottensaft, frisch gepreßt

<u>Mittags</u>
Als Hauptspeise:
1 kleiner Kopf Weißkohl, geraspelt
1 Tasse Luzernensprossen
2 EL Kürbissprossen
100 g Bambussprossen
2 EL Nußöl
1 TL Balsamicoessig
2 Knoblauchzehen, gehackt
10 Zwiebelringe
200 g Kartoffelsalat
2 hart gekochte Eier, geviertelt

Als Nachtisch:
$^1/_2$ Honigmelone

Als Getränk:
1 Banane, 1 Grapefruit, 1 Zitrone
2 Kiwis, 3 Datteln
mit 1 l Wasser homogenisiert

Nachmittags
Als Getränk:
500 ml Karottensaft, frisch gepreßt

Abends
2 Tassen Rosenkohl, leicht gedünstet
2 Tomaten, fein geschnitten
100 g Linsensprossen
100 ml saure Sahne
1 Handvoll Brunnenkresse
1/2 Avocado
1 EL Zitronensaft
weißer Pfeffer, frisch gemahlen
1 Knoblauchzehe, fein geschnitten
1 Kopf Salat
Joghurtdressing

Spät
500 ml Karotten-Apfel-Saft, zu gleichen Teilen frisch gepreßt

21. Tag

Morgens
250 g Haferflocken
30 Rosinen
2 Aprikosenhälften, fein geschnitten
3 Kiwis, fein geschnitten
500 ml Molke

Als Getränk:
3 Tassen grüner Tee

Vormittags
Als Getränk:
500 ml Karottensaft, frisch gepreßt

Mittags
Als Hauptspeise:
250 g Kartoffelsalat
Linsen- und Alfalfasprossen, fein geschnitten
10 g Meeresalgen, fein geschnitten

Als Nachspeise:
1 Mandarine
1 Kiwi

Als Getränk:
1 Banane, 2 Kiwis, 1 Zitrone
10 g Lapachorinde
mit 1 l Wasser homogenisiert

Nachmittags
Als Getränk:
500 ml Apfel-Karotten-Saft, zu gleichen Teilen frisch gepreßt

Abends
200 g Feldsalat
100 g Schafskäse, gewürfelt
2 Tomaten, fein geschnitten
10 Zwiebelringe
10 entkernte schwarze Oliven
20 Blätter Radicchiosalat
5 Blätter Löwenzahn
5 Blätter Brennessel, fein geschnitten
1 EL Olivenöl
1 TL Balsamicoessig

Spät
200 ml Kokosmilch
100 g geraspelte Kokosnuß
30 Rosinen
100 g Haferflocken
1 TL Honig

Nach diesem Drei-Wochen-Programm ist die Vitalität gesteigert, das sexuelle Verlangen ist wieder voll da, krankhaft erhöhte Blutfettwerte haben sich normalisiert. Durch die sorgfältig ausgewählten Gewürze und Anregungsstoffe wird das Immunsystem aufgebaut, körperliche Kraft und Ausdauer nehmen zu. Das Ansprechen auf sexuelle Reize bereitet keine Schwierigkeiten mehr, die Freude am körperlichen Verkehr wird uneingeschränkt empfunden.

Diätplan gegen Übergewicht und zur Belebung der Libido

Wenn beträchtliches Übergewicht besteht und deshalb die Sexualität und das geschlechtliche Verlangen vermindert sind, sollte für drei Wochen – bei Bedarf auch für längere Zeit – folgender Diätplan eingehalten werden:

1. Tag

Morgens
3 Scheiben Pumpernickel
Magerquark
Bärlauch, fein geschnitten

Als Getränk:
3 Tassen grüner Tee

Mittags
Als Hauptspeise:
1 Kopf Salat
2 Chicoréestauden
1 Orange, geschält und filetiert
1 Apfel, fein geschnitten
1 Banane, in Scheiben geschnitten
1 Handvoll Rosinen
1 Msp Meersalz

weißer Pfeffer, frisch gemahlen
1 EL Olivenöl
1 TL Balsamicoessig

Als Nachspeise:
30 g Piniennüsse, 3 Walnüsse, 10 Cashewkerne

Als Getränk:
2 Kiwis, 3 Stachelbeeren, 1 cm frischer Ingwer
1 kleine Orange, $^{1}/_{2}$ Apfel
mit 1 l Wasser homogenisiert

Nachmittags
3 Scheiben Pumpernickel
1 Tasse Laveloztee

Abends
1 Kopf Endiviensalat
8 Radieschen
20 grüne Oliven, entkernt
1 Stück frischer Meerrettich, gerieben
1 EL Olivenöl
1 TL Balsamicoessig
1 TL Senf
1 Msp Meersalz
1 kleine violette Zwiebel, fein geschnitten
Brunnenkresse, fein gehackt

Als Getränk:
500 ml Karotten-Apfel-Saft, zu gleichen Teilen frisch gepreßt

Spät
1 Grapefruit
20 Pinienkerne

2. Tag

Morgens
150 g Haferflocken
30 Rosinen
20 Haselnüsse
20 g Pinienkerne
250 g Magerjoghurt
3 Schnitten Lavelozbrot

Als Getränk:
3 Tassen grüner Tee

Vormittags
250 ml Karottensaft, frisch gepreßt

Mittags
200 g Kartoffelsalat
1 kleine Dose Ananas
1 EL Mayonnaise
1 EL geschlagene Sahne
1 EL Tomatenketchup
1 TL Rosenpaprika
1 Msp Dill
1 Kopf Salat
Balsamicoessig nach Geschmack
1 TL Olivenöl
Zwiebelringe
2 Knoblauchzehen, fein geschnitten
1 Prise weißer Pfeffer, frisch gemahlen

Als Getränk:
1 Orange, 1 Banane, 1 Zitrone
2 Datteln, 3 Judenkirschen
mit 1 l Wasser homogenisiert

Nachmittags
500 ml Grapefruit-Karottensaft, zu gleichen Teilen frisch gepreßt

Abends
1 große, reife Ananas
1 große Avocado
1 rote Paprikaschote, fein geschnitten
2 EL Olivenöl
1 TL Balsamicoessig
1 EL Tomatenketchup
1 Msp Meersalz
20 Pinienkerne
20 Walnüsse
30 schwarze Oliven, entkernt
200 g Magerjoghurt

Spät
20 Haselnußkerne

Als Getränk:
250 ml Orangensaft, frisch gepreßt

3. Tag

Morgens
250 g Haferflocken
20 Haselnüsse
1 Magerjoghurt
1 Apfel, fein gerieben
30 Rosinen
3 Scheiben Pumpernickel

Als Getränk:
3 Tassen grüner Tee

Vormittags
Als Getränk:
250 ml Karottensaft, frisch gepreßt

Mittags
1 Kopf Salat
20 Spinatblätter
1 EL Olivenöl
1 TL Balsamicoessig
20 Kapern
20 grüne Oliven, entkernt

Als Getränk:
1 Banane, 1 Apfel, 1 Zitrone
2 Dattel, 1 cm frischer Ingwer
mit 1 l Wasser homogenisiert

Nachmittags
250 ml Karottensaft, frisch gepreßt

Abends
150 g Kartoffelsalat
1 Bund Petersilie, fein gehackt
1 Knoblauchzehe, fein gehackt
20 Zwiebelringe
1 kleiner Kopf Salat

Als Getränk:
1 Tasse Una-de-gato-Tee

Spät
1 Tasse Kamillen-Pfefferminz-Melissen-Tee zu gleichen Teilen

4. Tag

Morgens
3 Scheiben Pumpernickel
20 Haselnußkerne

Als Getränk:
500 ml Orangen-Zitronen-Kiwi-Saft, zu gleichen Teilen frisch gepreßt

Vormittags
Als Getränk:
500 ml Karottensaft, frisch gepreßt

Mittags
1 Kopf Salat
2 Kohlrabi, fein geschnitten
2 Karotten, fein geschnitten
1 EL Olivenöl
1 TL Balsamicoessig
20 schwarze Oliven, entkernt

Als Getränk:
1 Banane
2 Karotten
3 Judenkirschen
$^1/_2$ cm Ingwerwurzel
$^1/_2$ Grapefruit
mit 1 l Wasser homogenisiert

Nachmittags
500 ml Karottensaft, frisch gepreßt

Abends
1 kleiner Kopf Weißkraut, fein geschnitten
1 EL Balsamicoessig
1 EL Kürbiskernöl
1 Msp Meersalz
1 TL Paprika, edelsüß
20 g Sojapaste
2 Scheiben Pumpernickel
Magerquark

Als Getränk:
500 ml Grapefruit-Karotten-Apfel-Saft, zu gleichen Teilen frisch gepreßt

Spät
20 Haselnußkerne

Als Getränk:
200 ml Fruchtmolke mit Pfirsichgeschmack

5. Tag

<u>Morgens</u>
4 Scheiben Pumpernickel
Magerquark

Als Getränk:
3 Tassen Laveloztee

<u>Vormittags</u>
500 ml Karotten-Apfel-Saft, zu gleichen Teilen frisch gepreßt

<u>Mittags</u>
250 g Kartoffelsalat
4 Matjesfilets
1 Bund Kerbel, fein geschnitten
1 TL Dill
1 EL Petersilie, fein gehackt
20 Zwiebelringe
1 Kopf Salat
1 EL Olivenöl
1 TL Balsamicoessig
20 Kapern
30 Pinienkerne

Als Getränk:
1 Banane
2 Kiwis
1 Zitrone
$^1/_2$ cm Ingwerwurzel
mit 1 l Wasser homogenisiert

<u>Nachmittags</u>
500 ml Apfel-Karottensaft, zu gleichen Teilen frisch gepreßt

Abends
100 g Kartoffelsalat
100 g Krautsalat
1 hart gekochtes Ei
20 Kapern
1 EL Olivenöl
1 TL Balsamicoessig

Als Getränk:
1 Tasse Laveloztee

Spät
Als Getränk:
500 ml Molke mit Orangengeschmack

6. Tag

Morgens
1 Tasse mit Senf-, Mungo- und Bambussprossen
1 EL Olivenöl
1 TL Balsamicoessig

20 Haselnußkerne
30 g Pinienkerne

Vormittags
Als Getränk:
500 ml Orangensaft, frisch gepreßt.

Mittags
3 kleine Rote-Bete-Knollen, gekocht und klein geschnitten
5 Stangen Sellerie
1 Kaki
1 kleine Ananas
500 ml Magerjoghurt
1 EL Honig
1 Zitrone, frisch gepreßt

Als Getränk:
1 Banane
2 Kiwis
1 Orange
1 Zitrone
10 g Ginsengpulver
10 g Lavelozpulver
10 g Catuabapulver
mit 1 l Wasser homogenisiert

Nachmittags
3 Scheiben Pumpernickel
Magerquark

Als Getränk:
500 ml Karottensaft, frisch gepreßt

Abends
1 Kopf Salat
1 Salatgurke, fein geschnitten
30 Löwenzahnblätter
20 Brennesselblätter
1 Tomate, fein geschnitten
100 g Mozzarella
1 EL Olivenöl
1 TL Balsamicoessig
20 Kapern
30 schwarze Oliven, entkernt

Spät
Als Getränk:
1 Zitrone
1 Banane
3 Kiwis
3 Kapstachelbeeren (Physalis)
mit 750 ml Wasser homogenisiert

7. Tag

Morgens
4 Scheiben Pumpernickel
Magerquark
1 Tasse Haferflocken
1 Tasse Wasser
Zimt
20 geriebene Haselnußkerne
1 Kiwi, in Scheiben geschnitten

Als Getränk:
1 Tasse Zitronenmelissentee
1 EL Honig

Vormittags
1 Banane
20 Erdbeeren

Als Getränk:
1 Tasse Kamillentee

Mittags
200 g Karotten, fein geschnitten
3 Äpfel, fein gehobelt
1 Stück Meerrettich, fein geschnitten
20 Spinatblätter
30 Brennesselblätter
20 Löwenzahnblätter
10 Gierschblätter
1 EL Balsamicoessig
2 EL Olivenöl
20 schwarze Oliven, entkernt
weißer Pfeffer, frisch gemahlen
1 Msp Meersalz

1 Bund Schnittlauch, fein geschnitten
1 Zitrone, frisch gepreßt
100 g Crème fraîche

Als Getränk:
1 Kiwi
2 Bananen
1 Zitrone
1 cm Ingwerwurzel
10 g Lavelozrinde
mit 1 l Wasser homogenisiert

Nachmittags
2 Scheiben Pumpernickel
Magerquark

Als Getränk:
2 Tassen Kräutertee

Abends
100 g Karotten, fein geschnitten
20 bis 30 Walnußkerne, fein gehackt
1 Kopf Endiviensalat
1 EL Balsamicoessig
1 EL Olivenöl
1 Spritzer Tabascosauce
1 TL Honig
1 Zitrone, frisch gepreßt
150 g süße Sahne

Spät
30 g Pinienkerne

Als Getränk:
250 ml Molke

8. Tag

<u>Morgens</u>
200 g Haferflocken
20 geriebene Haselnüsse
10 geriebene Walnußkerne
250 ml Magerjoghurt
3 Scheiben Pumpernickel
Magerquark

Als Getränk:
3 Tassen grüner Tee

<u>Vormittags</u>
Als Getränk:
500 ml Karottensaft, frisch gepreßt

<u>Mittags</u>
1 Kopf Salat
30 Blätter Guter Heinrich (Chenopodium bonus-henricus)
30 Spinatblätter
20 Löwenzahnblätter
150 g Feldsalat
1 TL Aceto Balsamico
2 EL Olivenöl
20 Zwiebelringe
30 entkernte schwarze Oliven
1 Spritzer Tabascosauce
3 Knoblauchzehen, zerdrückt
20 Kapern

Als Getränk:
1 Banane, 1 Kiwi, 2 Datteln, 3 Kapstachelbeeren (Physalis)
20 g Lavelozpulver, 10 g Guaranapulver
mit 1 l Wasser homogenisiert

Nachmittags
Als Getränk:
750 ml Karottensaft, frisch gepreßt

Abends
150 g Kartoffelsalat
3 Matjesheringe

Als Getränk:
2 Bananen
1 kleine Orange
1/2 cm Ingwerwurzel
mit 500 ml Wasser homogenisiert

Spät
Als Getränk:
200 ml Molke mit Fruchtgeschmack

9. Tag

Morgens
4 Scheiben Pumpernickel
Magerquark

Als Getränk:
3 Tassen Früchtetee

Vormittags
Als Getränk:
500 ml Karottensaft, frisch gepreßt

Mittags
1 Kopf Salat
30 Huflattichblätter
20 Guter-Heinrich-Blätter
30 Brennesselblätter
1 EL Kürbiskernöl
1 TL Balsamicoessig
20 Kapern
1 Prise Cayennepfeffer
1 Msp Meersalz
1 Prise Paprika

Als Getränk:
2 Bananen, 1 Orange, 1 Zitrone, 2 Datteln
10 g Una-de-gato-Pulver
10 g Guaranapulver
10 g Catuabapulver
mit 1 l Wasser homogenisiert

Nachmittags
500 ml Karottensaft, frisch gepreßt

Abends
200 g Kartoffelsalat
Brunnenkresse, fein geschnitten
Sauerampferblätter
2 Knoblauchzehen, zerdrückt
1 Msp Meersalz
1 Prise weißer Pfeffer, frisch gemahlen
1 Prise Rosmarin
1 EL Petersilie, fein gehackt
125 ml Sauerrahm

Als Getränk:
500 ml Karottensaft, frisch gepreßt

Spät
30 g Pinienkerne
2 Walnußkerne
20 Cashewnüsse

Als Getränk:
250 ml Molke

10. Tag

Morgens
4 Scheiben Pumpernickel
Magerquark
20 g Meeresalgenextrakt

Als Getränk:
3 Tassen grüner Tee

Vormittags
500 ml Karottensaft, frisch gepreßt

Mittags
2 Köpfe Salat
100 g Taubnesselblätter
100 g Brunnenkresse
100 g Huflattichblätter
1 EL Balsamicoessig
1 EL Olivenöl
2 Knoblauchzehen, fein gehackt
20 Zwiebelringe
30 schwarze Oliven, entkernt
1 Msp Meersalz
1 Prise Paprika
1 Prise Basilikum

Als Getränk:
1 Orange, 1 Banane, 1 Zitrone
$^1/_2$ cm Ingwerwurzel
10 g Guarana
10 g Ginsengpulver
20 g Meeresalgen (Kelp)
mit 1 l Wasser homogenisiert

Nachmittags
1 Apfel
1 Scheibe Pumpernickel
Magerquark

Als Getränk:
500 ml Karottensaft, frisch gepreßt

Abends
3 Matjesheringe
200 g Kartoffelsalat
Olivenöl
Balsamicoessig
10 grüne Oliven, entkernt

Als Getränk:
1 Banane
2 Kiwis
1 Orange
3 Kapstachelbeeren (Physalis)
mit 500 ml Wasser homogenisiert

Spät
Als Getränk:
250 ml Molke

11. Tag

Morgens
4 Scheiben Pumpernickel
Magerquark

Als Getränk:
3 Tassen grüner Tee

Vormittags
Als Getränk:
500 ml Karottensaft, frisch gepreßt

Mittags
Als Getränk und als Hauptspeise:
1 Orange
1 Banane
2 Kiwis
3 Kapstachelbeeren (Physalis)
10 g Lavelozpulver
10 g Guaranapulver
5 g Pfaffiapulver
mit 1 l Wasser homogenisiert

Nachmittags
2 Scheiben Pumpernickel
Magerquark

Als Getränk:
500 ml Karotten-Apfel-Saft, zu gleichen Teilen frisch gepreßt

Abends
1 Kopf Salat
100 g Taubnesselblätter
100 g Löwenzahnblätter
50 g Sauerampferblätter
50 g Brunnenkresse
1 EL Olivenöl
1 TL Balsamicoessig
3 fein geschnittene Tomaten
100 g Mozzarella
1 Msp Meersalz
1 Prise weißer Pfeffer
20 Oliven, entkernt
1 Prise Basilikum
1 Prise Majoran
Petersilie, fein gehackt
20 Zwiebelringe

Spät
Als Getränk:
$^1/_4$ Knolle rote Bete
1 Apfel
1 Banane
1 Zitrone
mit 500 ml Wasser homogenisiert

12. Tag

Morgens
3 Scheiben Pumpernickel
2 EL Hüttenkäse
1 TL Preiselbeeren

Als Getränk:
3 Tassen Matetee

Vormittags
Als Getränk:
500 ml Apfel-Karotten-Saft, zu gleichen Teilen frisch gepreßt

Mittags
3 Pellkartoffeln
100 ml Sauerrahm
50 ml Magerjoghurt
1 Bund Schnittlauch
2 Knoblauchzehen, zerdrückt
1 Msp Meersalz
weißer Pfeffer, frisch gemahlen

Als Getränk:
10 g Catuaba-Pulver
1 Banane
2 Äpfel
2 Datteln
1 Feige
mit 1 l Wasser homogenisiert

Nachmittags
1 Grapefruit, 50 Pinienkerne

Abends
150 g Hähnchenbrustfilet
100 g Endiviensalat
100 g Brunnenkresse
100 g Lollo rosso
20 Zwiebelringe
1 EL Petersilie, fein gehackt
2 EL Olivenöl
1 EL Balsamicoessig
1 Msp Meersalz
weißer Pfeffer, frisch gemahlen

Spät
10 Walnußkerne

Als Getränk:
250 ml Fruchtmolke mit Erdbeergeschmack

13. Tag

Morgens
1 Tasse Haferflocken
50 g geriebene Haselnüsse
50 g Erdbeeren
250 g Magerjoghurt
1 EL Honig

Als Getränk:
2 Tassen grüner Tee

Vormittags
2 Kiwis

Mittags
200 g Schollenfilet, gedünstet
100 g Reis, gedünstet
1 Kopf Salat
2 EL Olivenöl
1 EL Balsamicoessig
1 TL Senf
1 TL Oregano
1 Msp Meersalz
weißer Pfeffer, frisch gemahlen

Als Getränk:
10 g Uncaria-tomentosa-Pulver
1 Grapefruit, 1 Zitrone, 2 Bananen
mit 1 l Wasser homogenisiert

Nachmittags
150 ml Magerjoghurt
20 Walnußkerne

Abends
3 Pellkartoffeln
20 Brennesselblätter
30 Bärlauchblätter
1 kleine Zwiebel, fein gehackt
1 EL Crème fraîche
1 Msp Muskatnuß
1 Msp Meersalz
weißer Pfeffer, frisch gemahlen

Spät
$^{1}/_{2}$ rote Paprikaschote
50 Magerquark
1 Msp Meersalz

14. Tag

<u>Morgens</u>
3 Scheiben Pumpernickel
Magerquark
Schnittlauch

Als Getränk:
3 Tassen grüner Tee

<u>Vormittags</u>
Als Getränk:
500 ml Karotten-Orangen-Saft, zu gleichen Teilen frisch gepreßt

<u>Mittags</u>
3 Pellkartoffeln
3 Matjesfilets
100 ml Crème fraîche
1 EL Magerjoghurt
1 EL Zitronensaft
1 EL Dill
20 Zwiebelringe
1 Msp Meersalz
weißer Pfeffer, frisch gemahlen

Als Getränk:
10 g Damiana
1 Banane
1 Zitrone
2 Kiwis
2 Datteln
mit 1 l Wasser homogenisiert

<u>Nachmittags</u>
2 Äpfel

Abends
150 g Magerschinken, fein geschnitten
2 Tomaten, fein geschnitten
150 g Feldsalat
20 Zwiebelringe
1 EL Balsamicoessig
2 EL Crème fraîche
2 EL Magerjoghurt
1 Bund Schnittlauch
1 Msp Meersalz
weißer Pfeffer, frisch gemahlen

Spät
20 Pinienkerne

Als Getränk:
250 ml Molke mit Pfirsichgeschmack

15. Tag

Morgens
1 Tasse Haferflocken
1 Apfel, fein gerieben
1 Birne, blättrig geschnitten
1 EL Honig
200 g Magerjoghurt

Als Getränk:
2 Tassen Matetee

Vormittags
1 Banane

Mittags
3 hart gekochte Eier, in Scheiben geschnitten
2 Frühlingszwiebeln, in Ringe geschnitten
2 EL Balsamicoessig
2 EL Crème fraîche
2 EL Magerjoghurt
1 Msp Meersalz
weißer Pfeffer, frisch gemahlen
1 Bund Schnittlauch, fein geschnittem
1 Scheibe Grahambrot

Als Getränk:
10 g Serenoa repens (Sägepalmenfrüchte)
1 Banane, 2 Birnen, 1 Zitrone, 1 Apfel
mit 1 l Wasser homogenisiert

Nachmittags
Als Getränk:
500 ml Karotten-Apfel-Saft, zu gleichen Teilen frisch gepreßt

Abends
100 g Thunfisch aus der Dose, im eigenen Saft
100 g Champignons, blättrig geschnitten
2 Tomaten, fein geschnitten
2 EL Petersilie, fein geschnitten
100 ml Sauerrahm
2 EL Mayonnaise
2 EL Zitronensaft
2 EL Dill
1 Msp Meersalz
weißer Pfeffer, frisch gemahlen

Spät
150 g Fruchtjoghurt

16. Tag

Morgens
150 g Haferflocken
30 Rosinen
1 Apfel, fein gerieben
200 g Magerjoghurt
1 EL Honig

Als Getränk:
3 Tassen Matetee
1 TL Waldhonig

Vormittags
Als Getränk:
500 ml Karottensaft, frisch gepreßt

Mittags
200 g Rapunzelsalat
150 g Radicchio
1 Staude Chicorée
1 EL Honig
50 g Walnußkerne
1 EL Olivenöl
1 TL Walnußkernöl
1 Zitrone, frisch gepreßt

Als Getränk:
1 Orange, 1 Banane, 1 Kakifrucht
3 Judenkirschen
$^1/_2$ cm Ingwerwurzel
1 TL Schindele-Steinpulver
10 g Brennesselsamenpulver
10 g Catuabapulver
mit 1 l Wasser homogenisiert

Nachmittags
3 Scheiben Pumpernickel
Magerquark

Als Getränk:
500 ml Karottensaft

Abends
200 g Kartoffelsalat
100 g Brunnenkresse
100 g Feldsalat
3 Tomaten, fein geschnittem
100 g Mozzarella
20 grüne Oliven, entkernt
4 EL Joghurtdressing
1 EL Zitronensaft

Als Getränk:
500 ml Karottensaft, frisch gepreßt

Spät
20 g Pinienkerne

Als Getränk:
200 ml Molke mit Erdbeergeschmack

17. Tag

Morgens
150 g Haferflocken
20 Haselnüsse, fein gerieben
3 Scheiben Ananas, fein geschnitten
200 ml Magerjoghurt

Als Getränk:
3 Tassen Laveloztee

Vormittags
Als Getränk:
500 ml Karottensaft, frisch gepreßt

Mittags
200 g Kartoffelsalat
100 g Brunnenkresse
50 g Kapuzinerkresse
1 Kopf Salat
100 g Gurke, fein geschnitten
20 Kapern
20 grüne Oliven, entkernt
20 Zwiebelringe
3 Knoblauchzehen, fein geschnitten
1 EL Walnußkernöl
1 EL Olivenöl
1 Zitrone (Saft)
1 Prise Cayennepfeffer
1 Prise Majoran
1 Prise Basilikum
1 Prise Dill

Als Getränk:
1 Banane, 1 Kiwi, 1 Orange, 1 Zitrone
3 Judenkirschen
$^{1}/_{2}$ cm Ingwerwurzel
1 EL Heilerde
10 g Lavelozpulver
10 g Una-de-gato-Pulver
1 g Guaranapulver
mit 1 l Wasser homogenisiert

Nachmittags
500 ml Karottensaft, frisch gepreßt

Abends
200 g Kartoffelsalat
1 Kopf Salat
20 Löwenzahnblätter
20 Brunnenkressestengel mit Blättern
1 Bund Schnittlauch, fein geschnitten
1 EL Olivenöl
1 EL Kürbiskernöl
1 EL Zitronensaft

Als Getränk:
500 ml Apfel-Karottensaft, zu gleichen Teilen frisch gepreßt

Spät
30 g Pinienkerne

Als Getränk:
200 ml Molke mit Erdbeergeschmack

18. Tag

Morgens
3 Scheiben Pumpernickel
Magerquark

Als Getränk:
3 Tassen Laveloztee

Vormittags
Als Getränk:
500 ml Karottensaft, frisch gepreßt

Mittags
200 g Kartoffelsalat
3 Matjesheringe
200 g Sauerkraut
20 grüne Oliven, entkernt
1 Kopf Salat
1 EL Walnußkernöl
1 TL Balsamicoessig
20 Kapern
1 EL Petersilie, fein geschnitten
1 EL Schnittlauch, fein geschnitten
weißer Pfeffer, frisch gemahlen

Als Getränk:
1 Banane, 1 Kiwi, 1 Zitrone (geschält)
3 Judenkirschen
10 g Lavelozpulver
1 EL Heilerde
1 TL Schindele-Steinmehl
1 EL Karob-Pulver (Caroube)
mit 1 l Wasser homogenisiert

Nachmittags
Als Getränk:
500 ml Apfel-Karotten-Saft, zu gleichen Teilen frisch gepreßt

Abends
200 g Feldsalat
20 Zwiebelringe
3 Knoblauchzehen, zerdrückt
1 EL Sonnenblumenkernöl
1 TL Zitronensaft
20 Kapern
20 schwarze Oliven, entkernt

Als Getränk:
500 ml Karottensaft, frisch gepreßt

Spät
1 mittelgroßer Apfel
3 Walnüsse

Als Getränk:
250 ml Karotten-Apfel-Orangensaft, zu gleichen Teilen frisch gepreßt

19. Tag

<u>Morgens</u>
4 Scheiben Pumpernickel
Magerquark

Als Getränk:
3 Tassen Laveloztee

<u>Vormittags</u>
Als Getränk:
500 ml Karotten-Apfel-Saft, zu gleichen Teilen frisch gepreßt.

<u>Mittags</u>
200 g Kartoffelsalat
50 g Krautsalat, fein geschnitten
3 Tomaten, fein geschnitten
150 g Mozzarella
1 EL Balsamicoessig
1 EL Kürbiskernöl
1 TL Basilikum
1 TL Dill
1 Msp Cayennepfeffer
weißer Pfeffer, frisch gemahlen
20 Kapern
20 fein geschnittene, entkernte Oliven
1 Bund Schnittlauch, fein geschnitten
20 Zwiebelringe
3 Knoblauchzehen, fein gehackt

Als Getränk:
2 Bananen, 1 kleine Karotte, 2 Kiwis
1 Apfel, 1 TL Heilerde
1 TL Lavelozpulver
mit 1 l Wasser homogenisiert

Nachmittags
Als Getränk:
500 ml Karottensaft, frisch gepreßt

Abends
200 g Kartoffelsalat
3 Matjesheringe
1 Kopf Salat
20 halbierte Walnüsse
5 Oliven
20 Kapern
1 EL Olivenöl
1 TL Balsamicoessig

Als Getränk:
500 ml Karottensaft, frisch gepreßt.

Spät
Als Getränk:
1 Banane
1 Orange
200 ml Molke mit Erdbeergeschmack

20. Tag

Morgens
200 g Haferflocken
1 geriebener Apfel
20 geriebene Haselnüsse, 10 Walnüsse, 20 Cashewnüsse
200 ml Magerjoghurt

Als Getränk:
3 Tassen grüner Tee

Vormittags
Als Getränk:
250 ml Karottensaft, frisch gepreßt

Mittags
200 g Kartoffelsalat
Salbei, fein geschnitten
5 Blätter Zitronenmelisse
1 Bund Petersilie, fein geschnitten
250 g Feldsalat
10 Blätter Bohnenkraut
10 Blätter Basilikum, fein geschnitten
5 Blätter Borretsch 1 TL Dill
1 Prise Cayennepfeffer
2 EL Olivenöl
1 TL Balsamicoessig

Als Getränk:
1 Banane, 1 Karotte, 1 Apfel, 1 Zitrone, 1 EL Schindele-Steinmehl mit 1 l Wasser homogenisiert

Nachmittags
Als Getränk:
500 ml Karotten-Apfel-Saft, zu gleichen Teilen frisch gepreßt

Abends
2 Schalotten
1 TL milder Senf
1 EL Kürbiskernöl
schwarzer Pfeffer, frisch gemahlen
1 Kopf Salat
1 Zweig Bohnenkraut
200 g Zucchini, fein geschnitten
100 g frische Erbsen
50 g Walnußkerne
10 Kapuzinerkresseblüten
5 Tomaten, fein geschnitten
3 Knoblauchzehen, zerdrückt
20 Zwiebelringe
100 g Mozzarella
200 g Magerjoghurt

Als Getränk:
250 ml Orangen-Karotten-Saft, zu gleichen Teilen frisch gepreßt

Spät
Als Getränk:
500 ml Karotten-Orangen-Apfel-Saft, zu gleichen Teilen frisch gepreßt

21. Tag

Morgens
4 Scheiben Pumpernickel
Magerquark

Als Getränk:
3 Tassen grüner Tee

Vormittags
Als Getränk:
500 ml Apfel-Karotten-Saft, zu gleichen Teilen frisch gepreßt

Mittags
200 g Kartoffelsalat
10 Miesmuscheln
1 Kopf Salat
20 Kapern
10 grüne Oliven
10 schwarze Oliven
1 Bund Brunnenkresse
20 Basilikumblätter
20 Löwenzahnblätter
1 EL Kürbiskernöl
1 EL Zitronensaft
20 Zwiebelringe
3 Knoblauchzehen, fein gehackt

Als Getränk:
1 Orange, 1 Zitrone, 2 Kaki-Früchte, 3 Judenkirschen
1 EL Schindele-Steinmehl
1 TL Lavelozpulver
1 TL Una-de-gato-Pulver
1 EL Karob-Pulver (Caroube)
mit 1 l Wasser homogenisiert

Nachmittags

Als Getränk:

500 ml Orangen-Karotten-Saft, zu gleichen Teilen frisch gepreßt

Abends

3 Tomaten, fein geschnitten
100 g Mozzarella, fein geschnitten
1 EL Basilikum
1 TL Dill
1 TL Petersilie
weißer Pfeffer, frisch gemahlen
20 Kapern
20 schwarze Oliven, fein geschnitten
1 Knoblauchzehe, fein gehackt
20 Zwiebelringe

Als Getränk:

200 g Molke mit Erdbeergeschmack

Spät

30 g Pinienkerne

Als Getränk:

200 ml Molke mit Pfirsichgeschmack

Mit dieser Drei-Wochenkur wird der Blutfettspiegel ausgeglichen, die Cholesterinwerte senken sich. Diese Diät ist fleischlos. Dadurch wird der Fettstoffwechsel normalisiert und die Gefahr von Schlaganfall und Herzinfarkt nimmt ab. Auch andere degenerative Erkrankungen, wie Zuckerkrankheit und Durchblutungsstörungen, werden positiv beeinflußt. Der Körper kann aus dieser zu 90 Prozent aus Rohkost bestehenden Nahrung Mikronährstoffe ideal aufnehmen. Diese Diät ist entzündungshemmend, so daß sich die Zahl der weißen Blutkörperchen innerhalb der Drei-

Wochenkur normalisiert. Auch bei Gedächtnistests und Untersuchungen der körperlichen Ausdauer werden nach dieser Kur erstaunliche Besserungen festgestellt.

Die beschriebene Diät ist für Männer und Frauen auch als Dauerkur geeignet. Leistungsfähigkeit, Vitalität, jugendliche Spannkraft und die Libido werden frisch aktiviert. Dabei werden nachweisbar die Organe besser durchblutet, was sich unmittelbar auf die Sexualität auswirkt.

Dazu noch ein kleiner Tip: Milchprodukte sowie Fleisch und Fisch sollten nur als Übergangslösung konsumiert werden, denn der menschliche Körper ist von Natur aus auf Obst, Gemüse, Hülsenfrüchte und Wasser eingestellt. Nüsse und Pflanzenöle wirken zudem aufbauend.

Liste der Pflanzen und Wirkstoffe

Abelmoschus – *Hibiscus moschatus*
Absinth – Wermut
Acarbose – Arzneimittel für Diabetiker, das eine verzögerte Kohlenhydratverdauung bewirkt
Acerolakirsche – Vitamin-C-reiche westindische Frucht.
Achillea moschata – Moschusschafgarbe
Adonis vernalis – Frühlings-Adonisröschen
Aethanoli deluti – verdünnter Alkohol, 60%
Agnus castus (Vitex Agnus castus) – Keuschlamm, Mönchspfeffer
Alant – *Inula helenium*
Alchemilla vulgaris – Frauenmantel
Allantoin – Endprodukt des Purinabbaus; wird als Dermatikum in Wundsalben etc. verwendet.
Alstonia scholaris – südostasiatischer Baum, dessen Rinde und Samen ein begehrtes Aphrodisiakum und Heilmittel darstellen, siehe Seite 66
Apis melifica – Honigbiene; *Mel depuratum* – reiner Bienenhonig
Areca catechu – Arekapalme, Wirkstoff: Areculin (Betelnuß)
Ascorbinsäure – Vitamin C
Avena sativa – Hafer

Bärentraubenblätter – *Folia Uvae-ursi*
Bärlapp(kraut) – *Herba Lycopodii*
Belladonna – Tollkirsche
Betacarotin – das bedeutendste Provitamin A
Betelnuß – *Semen Arecae*
Bruchkraut – *Herba Herniariae*
Buchu-Blätter – *Folia Bucco*
Bulbus Scillae – Meerzwiebel

Cactus Cereus – Kaktus (Königin der Nacht)
Caigua – *Gerania Stafordicna* – südamerikanische Pflanze, auch auf den Philippinen heimisch

Camelia sinensis – chinesische Kamelie
Capsicum – scharfer roter (spanischer) Pfeffer, Cayennepfeffer
Caroube – Johannisbrotkernmehl, auch Karobpulver
Cardui Mariae Fructus – Mariendistelfrüchte
Catuaba, Catuabarinde – Amazonaspflanze
Cayennepfeffer – scharfer roter Pfeffer, *Capsicum*
Centella asiatica minor – Kleinasiatisches Wassernabelkraut
Cereus grandiflorus – Königin-der-Nacht-Kaktus
Cetraria islandica – Isländisch Moos
Chenopodium Bonus-Henricus – Guter Heinrich
Chitosan – aus der Körperhülle von Krebsen etc. hergestelltes Arzneimittel
Cholin – chemische Substanz, die für den Gallestoffwechsel unentbehrlich ist. Gehört zum Vitamin-B-Komplex.
Chrom Picolinat – Naturheilmittel mit leicht vom Körper aufzunehmendem Chrom
Cimicifuga – Schlangen- oder Warzenkraut
Cinnamomum – Zimt
Codonopsis pilosula – Sibirische Glockenblume
Coenzym Q 10 – Vitaminpräparat, gibt es in jeder Apotheke
Cortex Cinnamomi – Zimtrinde
Cortex Laricis – Lärchenrinde
Cortex Yohimbe – Yohimbenrinde, auch Joringelrinde
Crataegus – Weißdorn
Crataegus oxyacantha, Crataegus monogyna – Weißdorn
Cupeba – *Piper Cupeba* – Kubeben, südasiatischer Pfeffer

Damiana – *Durnera diffusa, Durnera aphrodisiaka*, siehe Seite 106
DHEA – Dehydroepiandrosteron – wichtiges Steroidhormon, das von der fetalen Nebennierenrinde als Dehydroepiandrosteronsulfat (DHEAS) produziert wird. Im Blutserum zu bestimmen. Zu 25 oder 50 mg erhältlich.

Einhornwurzel – *Helonias dioica*
Eleutherococcus – Taigawurzel; *Radix eleutherococcus, Eleutherococcus senticosus*
Eleutherococcus senticosus – Taigawurzel
Eleutherococcus sibiricus – sibirische Taigawurzel
Equisetum – Schachtelhalm
Extractum Astragali – Tragant-Extrakt
Extractum Avena sativa – Haferextrakt
Extractum Calami – Kalmusextrakt
Extractum Chinae comp. – Chinarindenextrakt
Extractum Cimicifugae – Schlangen- oder Warzenkraut-Extrakt

Extractum Colae fluidi – Kolanuß-Extrakt
Extractum Colae siccum – Kolanuß-Trockenextrakt
Extractum Hyosciami – Stechapfelextrakt
Extractum Semen Petroselini – Petersilienfrüchte-Extrakt
Extractum Semen Urticae – Brennesselsamenextrakt
Extractum Uncaria tomentosa – Krallendornextrakt

Folia Bucco – Blätter vom Buchubaum *(Rutaceae)*
Folia Uvae-ursi – Bärentraubenblätter
Folium Betulae – Birkenblätter
Frauenmantel – *Alchemilla vulgaris*
Fructus Cardui Mariae – Mariendistelfrüchte
Fucus vesiculosus – Blasentang

Germanium – Metall, essentielles Spurenelement
Ginseng – *Panax ginseng*, Ginsengwurzel, stammt aus Südostasien.
Ginseng koreanus – Koreanischer Ginseng
Ginseng quinquefolius – fünfblättriger Ginseng
Ginseng sibiricus – Sibirischer Ginseng
Gossypium herbacium – siehe Seite 162
Gotu Kola – Centella asiatica minor, Wassernabelkraut
Guarana – *Paullinia cupana*; Guarana kommt aus Brasilien und gilt dort als Genußmittel. Enthält u.a. Coffein, Gerbstoff, Saponin und Harz.
Guayak(holzpulver) – Franzosenholz, *Lignum guajaci*
Gugul – Harz, das den Fettstoffwechsel positiv beeinflußt
Guter Heinrich – *Chenopodium Bonus-Henricus*

Hauhechel – *Ononis spinosa*
Helonias dioica – Einhornwurzel
Herba Passiflorae – Passionsblumenkraut
Hibiscus moschatus – Abelmoschus
Humulus lupulus – Hopfen
Hypericin – Wirkstoff des Johanniskrauts
Hypericum perforatum – Johanniskraut
Hyoscyamus – Stechapfel

Inula helenium – Alant
Isländisch Moos – *Cetraria islandica*

Joringelrindenextrakt – Yohimbenrindenextrakt, *Extractum Cortex Yohimbe*
Judenkirsche – *Fructus alkekengi, Physalis alkekengi*

Karobpulver – *Caroube*, Johannisbrotkernmehl

Kava-Kava – Rauschpfeffer; stammt aus Polynesien und Mikronesien; wirkt beruhigend und krampflösend.

Kieselerde – *Terra silicea*

Laminaria – Palmentang, Fingertang; zu den Braunalgen gehörend

Lapacho – roter Rindentee vom »Baum des Lebens« aus Südamerika, den schon die Inkas nutzten. Sehr mineralstoffreich, wirkt antibakteriell, gegen Pilze und virentötend, wird in Bolivien und Peru gegen Tumore, Diabetes und Anämie eingesetzt.

Laveloz – anderer Name für Lapacho (siehe oben)

Laveloz-Tinktur – Lapacho-Tinktur

Lavendelblüten – *Flores Lavandulae*

Leberblümchen – *Herba Hepaticae*

Leonurus cardiaca – Herzgespann

Liquiritiae Radix – Süßholzwurzel

Löwenzahnwurzeln – *Radix taraxi (cum herba*, mit Kraut)

Mahagoni – *Svietenia Mahagoni* – Mahagonibaum

Mahagoni-Nußkernextrakt

Malonggay – botanischer Begriff für Mahagoni von den Philippinen

Mariendistelfrüchte – *Cardui Mariae Fructus*

Matricaria (chamomilla) – Kamille

Meerträubelkraut – Meerträubchen *(Ephedra)*; aus dem doppelährigen Meerträubchen wird der Wirkstoff Ephedrin gewonnen.

Meerzwiebel – *Urginea maritima, Bulbus scillae*

Meisterwurz – *Imperatoria osthrutium; Radix imperatoriae, Radix astrantiae, Radix osthrutii*

Mel depuratum – reiner Bienenhonig

Melissenblüten – *Flores Melissae*

Melitracin – Arzneimittel gegen Depressionen

Memecylon – immunstimulierende philippinische Pflanze

Memecylon ovata – botanischer Begriff der philippinischen Pflanze

Methylcellulose – pharmazeutischer Hilfsstoff (Cellulosemethylether)

Mistel – *Viscum album, Visci Herba* (Mistelkraut)

Molybdän – Metall, essentielles Spurenelement

Moschusschafgarbe – *Achillea moschata*

Muira-Puama (lignum) – Potenzholz *(Ptychopetali lignum)*

Mutterkraut – *Tannacetum parthenium*

Nachtkerzenöl – *Oenotherae oleum*

Nachtkerzenblätter – *Oenotherae folium*

Oenothera biennis – Nachtkerze
Ononis spinosa – Hauhechel
Origanum majorana – Majoran
Orotat – Orotsäure; wird Magnesium- oder Zinkpräparaten der besseren Resorption wegen zugesetzt (wie bei Zinkorotat)

Panax ginseng – Ginsengwurzel
Passiflora – Passionsblume
Pasuchaca – Philippinische Droge gegen Diabetes
Pedalium murex – Burra-gokeroo, stark potenzsteigernde Pflanze aus Südostasien, siehe Seite 212
Pericarpium auranthiae – Pomeranzenschale
Pericarpium-Citri-reticulatae – Zitronenschale
Pestwurz – *Petasites*
Pfaffia – Ginseng-Kapseln
Polygonum multifloris – Fleece flower root, chinesische Pflanze, die die Lustempfindung anregt und Harnwegserkrankungen heilen kann; siehe Seite 216

Queckenwurzel – *Rhizoma Graminis*

Radix Angelicae sinensis – chinesische Angelikawurzel
Radix Astragali – Tragant-Wurzel
Radix Astrantiae – Meisterwurz
Radix Calamii – Kalmuswurzel
Radix Codonopsis pilosula – Wurzel der Sibirischen Glockenblume
Radix Eleutherococci – Taigawurzel
Radix Ginseng – Ginsengwurzelstock
Rhizoma Cimicifugae – Schlangen- oder Warzenkrautwurzel
Rhizoma Galangae – Galgantwurzelstock
Rhizoma Kava-Kava – Kava-Kava-Wurzelstock, Rauschpfeffer

Sägepalme – *Sabal serulata*
Sägepalmenbeere – *Fructus Sabalis serulatae*
Sarsaparilla – *Smilax officinalis,* südamerikanische Pflanze, deren Wurzel die Hormonproduktion anregen kann; siehe Seite 222
Sassafras (Fenchelholz) – *Lignum Sassafras*
Schachtelhalm – *Equisetum*
Selen – Halbmetall, essentielles Spurenelement
Semen Arecae – Betelnuß
Serenoa repens – Sägepalmenfrüchte
Sirupus simplex – einfacher Sirup als Träger für Arzneistoffe

Smilax officinalis – Sarsaparilla
Solidago – Goldrute
Solutio ferri aromatici – Eisenwein als Träger für Arzneistoffe.
Süßholzwurzel – *Liquiritiae Radix*
Sumnitates Juniperi – Wacholderspitzen

Tausendgüldenkraut – *Herba Centaurii*
Terra Silicea – Kieselerde
Teufelskrallenwurzel – *Tubera Harpagophyti*
Tinctura Alchemillae alpinae -Frauenmanteltinktur
Tinctura Calami – Kalmustinktur
Tinctura Carthamus – Saflor-, Wilder-Safran-Tinktur
Trazodon -HCl – Arzneistoff gegen Depressionen, bei denen Unruhe, Spannungs- und Angstzustände im Vordergrund stehen. Gleichzeitig als Potenzmittel bei Männern einsetzbar.

Una de gato – spanischer Name für Krallendorn
Uncaria tomentosa – Krallendorn
Urginea maritima – Meerzwiebel

Vinum chinae comp. – Chinawein als Träger für Arzneistoffe
Viscum album – Mistel
Vitex Agnus castus – Mönchspfeffer, Keuschlamm

Wacholderspitzen – *Sumnitates juniperi*
Weidenrinde – *Cortex Salicis*

Yohimbe – *Cortex Yohimbe,* Wirkstoff: *Yohimben;* auch: Joringelrinde
Yucca – Palmlilie

Zink – Metall, essentielles Spurenelement
Zinkorotat – mit Orotsäure (siehe dort) versetztes Zinkpräparat

Bezugshinweise

Alle Kapseln, Tinkturen, Mixturen, Teemischungen oder sonstigen Medikamente können über

Dr. Leonhard Hochenegg
Prinz-Eugen-Str. 1

A-6060 Hall bei Innsbruck
Tel. 0043/5223/53306
Fax-Nr. 0043/5223/44887 oder 44620

bezogen werden.

Laveloz-Brot können Sie ebenfalls bei der Hochenegg-GmbH bestellen.

Ungewöhnlichere Lebensmittel wie beispielsweise Algen, Judenkirschen oder Schlangenhaargurken, welche meist aus Asien zu uns kommen, finden Sie am ehesten in asiatischen Lebensmittelgeschäften, in Naturkostläden und in Reformhäusern.

Sachgruppenregister

Tee-Spezialrezepte

Salate zur Steigerung der Sexualität

Besondere Rezepturen

Capsicum-Rezepte

Cupebapfeffer-Rezepte

Damiana-Rezepte

Einhornwurzel-Rezepte

Gossypium-herbacium-Rezepte

Grüntee-Konzentrat-Rezepte

Kalmus-Rezepte

Kirschkern- und Aprikosenkernextrakt-Rezepte

Pedalium-murex-Rezepte

Polygonum-multifloris-Rezepte

Sarsaparilla-Rezepte

Wermut-Rezepte

Yohimben-Rezepte

Diätpläne

Alphabetisches Rezeptverzeichnis